Helga Setz

# 99 x BACKEN
Österreichische Mehlspeisen

Helga Setz

# 99 x BACKEN
Österreichische Mehlspeisen

Helga Setz

# 99 x backen
# Österreichische Mehlspeisen

Verlag Johannes Heyn

1. – 5. Tausend 1981
6. – 15. Tausend 1985
16. – 20. Tausend 1989


Druck: Kohlweis, Klagenfurt
Klagenfurt, 1981
ISBN 3 85366 399 0

# Biskuitteige

# Biskuitrolle mit verschiedenen Füllen

*6 Eidotter*
*160 g Zucker*
*90 g Mehl*
*6 Eiklar Schnee*
*1 Prise Salz*
*30 g Butter*

– – – – – – –

*200 g Marillen- oder Ribiselmarmelade*

– – – – – – –

*Zucker zum Bestreuen*

– – – – – – –

*Butterpapier*

Dotter und Zucker werden dickschaumig gerührt, der steife Schnee und das Mehl abwechselnd und zuletzt die zerlassene, lauwarme Butter vorsichtig untergezogen. Die Masse wird auf ein mit Butterpapier belegtes Blech fingerhoch aufgestrichen und bei 220° C im vorgeheizten Rohr 10 Minuten gebacken. Sofort wird das Papier abgelöst, die Marmelade aufgestrichen, das Biskuit zusammengerollt, bezuckert und erkaltet in schräge, 2 cm dicke Schnitten geteilt.

Füllt man die Roulade mit Obers- oder Buttercreme, dann muß das Biskuit vorher vollkommen erkalten. Man stürzt es auf ein sauberes Tuch, löst das Papier ab, rollt das Biskuit locker mit dem Tuch ein und läßt es so kaltwerden (ca. 1 Stunde). Vor dem Füllen rollt man es auf, streicht die Fülle hinein und rollt wieder zusammen. Dann wird die Roulade bezuckert oder mit Glasur überzogen.
Alle Rouladen können eingefroren werden. Dann darf man sie aber nicht bezuckern oder glasieren.

*Schokoladefülle:*
*1/4 l Schlagobers*
*100 g Schokolade*

Die Schokolade wird mit 5 EL flüssigem Obers erweicht, gut verrührt und fast kalt in das steife Obers eingeschlagen.

*Kaffeefülle:*
*1/4 l Schlagobers*
*1 Sahnesteif*
*2 EL starker Bohnenkaffee*
*50 g Zucker*

In das nach Vorschrift mit Sahnesteif geschlagene Obers schlägt man den Kaffee und Zucker ein.

*Erdbeerfülle:*
*1/4 l Schlagobers*
*1 Sahnesteif*
*100 g Erdbeerkonfitüre oder*
*100 g frische Erdbeeren und*
*50 g Zucker*

Das Obers schlägt man mit dem Sahnesteif nach Vorschrift und zieht die Erdbeeren und Zucker oder die Erdbeerkonfitüre darunter.

# Nußrolle

*4 Eidotter*
*120 g Zucker*
*120 g Nüsse, gerieben*
*20 g Mehl*
*4 Eiklar Schnee*
*1 Prise Salz*

*Fülle:*
*1/4 l Schlagobers*
*1 Sahnesteif*
*50 g Nüsse, gerieben*
*1 EL Zucker*
*1 Vanillin*

*Zucker zum Bestreuen oder Kaffeeglasur, siehe Glasuren*

Dotter und Zucker werden dickschaumig gerührt. Die Nüsse vermischt mit dem Mehl und der steife Eischnee werden locker untergezogen. Weitere Zubereitung wie Biskuitrolle mit Cremefüllung.

Fülle: In das mit Sahnesteif geschlagene Obers werden die anderen Zutaten eingeschlagen.

# Schokoladerolle

*6 Eidotter*
*100 g Zucker*
*50 g Mandeln, gerieben*
*120 g Schokolade*
*6 Eiklar Schnee*
*1 Prise Salz*

– – – – – – –

*100 g Ribiselmarmelade*

– – – – – – –

*1/4 l Schlagobers*
*1 Sahnesteif*

– – – – – – –

*Zucker zum Bestreuen*

Dotter und Zucker rührt man gut schaumig. Dann rührt man die erweichte Schokolade ein und zieht Mandeln und Eischnee locker darunter. Weitere Zubereitung wie die Biskuitrolle. Backtemperatur 200° C, Zeit 15 Minuten.

Die ausgekühlte Rolle wird zuerst mit Ribiselmarmelade, dann mit steifem Schlagobers gefüllt und mit Zucker bestreut.

# Falsche Spiegeleier

*4 Eiklar*
*4 EL kaltes Wasser*
*200 g Zucker*
*200 g Mehl*
*1/4 TL Backpulver*
*– – – – – – –*
*150 g Marillen-marmelade*
*Biskuitreste*
*ca. 16 Kompott-marillen*
*– – – – – – –*
*1/4 l Schlagobers*
*1 EL Zucker*
*– – – – – – –*
*Fett und Mehl für das Blech*

Die Eiklar und kaltes Wasser schlägt man zu einem steifen Schnee. Der Zucker wird dann löffelweise eingeschlagen. Mehl, vermischt mit Backpulver, zieht man vorsichtig darunter. Sofort auf ein befettetes, bemehltes Backblech streichen und im vorgeheizten Rohr bei 220° C 10 Minuten backen. Auf dem Blech aus der erkalteten Masse Scheiben von ca. 6 cm Durchmesser ausstechen, mit einem Gemisch aus Marmelade und den aufgebröselten Biskuitresten bestreichen, jede Scheibe in der Mitte mit einer Marille belegen und den Rand mit steifgeschlagenem Obers spritzen.

# Anisbiskuit

*4 Eier*
*80 g Zucker*
*1 Vanillin*
*80 g Mehl*
*1 TL Anis*
*20 g Butter*
– – – – – –
*Fett und Mehl für die Form*

Ganze Eier werden mit Zucker und Vanillin im warmen Wasserbad dickschaumig geschlagen. Dann zieht man Mehl, vermischt mit Anis und am Schluß die zerlassene, kühle Butter darunter. In einer vorgerichteten Kastenform wird das Biskuit bei 180° C ca. 30 – 40 Minuten gebacken.

# Bischofsbrot

*4 Eidotter*
*120 g Zucker*
*80 g Mehl*
*60 g Mandeln, geschält, stiftelig geschnitten*
*60 g Rosinen*
*60 g Schokolade, kleingeschnitten*
*1/2 TL Zitronenschale*
*4 Eiklar Schnee*
*1 Prise Salz*

*– – – – – – –*

*Fett und Mehl für die Form*

Mandeln, Rosinen und Schokolade werden mit dem Mehl vermischt. Dotter und Zucker rührt man sehr gut schaumig und mengt vorsichtig Mehl und Schnee in den Abtrieb. In einer vorgerichteten Kastenform wird die Masse bei 160° C ca. 50 – 60 Minuten gebacken.

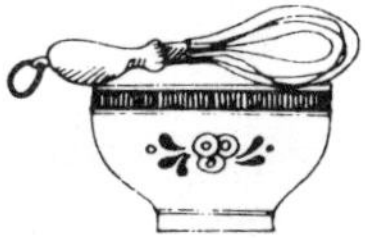

# Punschkrapferl

ca. 10 – 12 Stück

*4 Eier*
*120 g Zucker*
*120 g Mehl*
*30 g Butter*
*1 Messerspitze Backpulver*

– – – – – –

*Biskuitreste*
*2 EL Marmelade*
*4 EL Rum*
*50 g Schokolade, gerieben*
*1/2 Orange, Saft und Schale*

– – – – – – –

*Rumglasur, siehe Glasuren*

– – – – – – –

*Fett und Mehl für das Blech*

Ganze Eier werden mit Zucker über einem warmen Wasserbad dickschaumig geschlagen. Dann zieht man Mehl, vermischt mit Backpulver und die zerlassene, kühle Butter ein. Fingerhoch aufs vorgerichtete Blech gestrichen, bäckt man das Biskuit bei 200° C ca. 15 Minuten.

Wenn es kalt ist, sticht man ca. 20 – 24 Scheiben von 5 cm Durchmesser aus.

Die Biskuitreste werden in eine Schüssel gebröselt und mit den übrigen Zutaten vermischt. Diese Fülle verteilt man auf die Hälfte der Biskuitscheiben, setzt jeweils das zweite Scheibchen darauf und streicht den Rand glatt. Dann überzieht man die Krapferl mit Rumglasur.

# Marillen- oder Pfirsichkuchen

*Biskuitboden:*
*3 Eier*
*90 g Zucker*
*1/2 TL Zitronenschale*
*90 g Mehl*
*1 Messerspitze Backpulver*
*20 g Butter*

– – – – – – –

*1/1 l Dose Kompottpfirsiche oder Marillen*

– – – – – – –

*Schaummasse:*
*4 Eiklar*
*200 g Zucker*
*1 TL Zitronensaft*
*200 g Haselnüsse, geröstet, gerieben*

– – – – – – –

*Fett und Mehl für die Form*

Man bereitet ein warmgeschlagenes Biskuit wie für die Punschkrapferl, füllt es in eine vorgerichtete Tortenform (26 cm) und bäckt es bei 180° C ca. 30 Minuten. Die abgetropften Früchte legt man mit der runden Seite nach unten auf das Biskuit, streicht die Schaummasse darüber und bäckt den Kuchen bei 150° C auf der obersten Schiene solange, bis die Schaummasse hellbraun ist. Erst ganz erkaltet aus der Form nehmen.

Schaummasse: In den steifen Schnee schlägt man den Zucker löffelweise ein. Haselnüsse und Zitronensaft zieht man darunter.

# Moccacremeschnitten

*5 Dotter*
*150 g Zucker*
*1/2 TL Zitronenschale*
*100 g Mehl*
*5 Eiklar Schnee*
*1 Prise Salz*
*– – – – – – –*
*Creme:*
*6 EL starker Bohnenkaffee*
*2 Eidotter*
*100 g Zucker*
*1 TL Maizena*
*150 g Butter*
*– – – – – – –*
*1/4 l Schlagobers*
*1 Sahnesteif*
*1 EL Zucker*
*– – – – – – –*
*Schokolademoccabohnen zum Verzieren*
*– – – – – – –*
*Fett und Mehl für das Blech*

Dotter, Zucker und Zitronenschalen werden gut schaumig gerührt, der steife Schnee und das Mehl untergezogen. Der Teig wird fingerhoch auf ein vorgerichtetes Blech gestrichen und bei 200° C hellbraun gebacken. Abgelöst und ausgekühlt schneidet man drei 8 cm breite Streifen. Zwei davon bestreicht man mit der Creme, setzt den dritten darauf und bestreicht alles mit dem steifgeschlagenen Obers. Dann werden die Ränder mit Obers gespritzt und mit Moccabohnen verziert.

Creme: Kalter Kaffee, Dotter, Zucker und Maizena werden über Dampf dickschaumig geschlagen. Ausgekühlt wird die Creme löffelweise in die flaumig gerührte Butter eingerührt.

# Anisbögen

*2 Eier*
*100 g Zucker*
*70 g Mehl*
*1 TL Anis*
– – – – – – –
*Wachs für das Blech*

Eier und Zucker rührt man dickschaumig, mengt das Mehl ein und rührt die Masse noch 5 Minuten.
Ein Blech wird warmgemacht, mit Wachs bestrichen und erkaltet. Dann zeichnet man mit einem in Mehl getauchtem Ausstecher Ringe von ca. 6 cm Durchmesser vor. In den Ringen streicht man die Masse dünn auf, bestreut sie mit Anis und bäckt sie bei 200° C rasch hellbraun. Ganz heiß werden sie abgelöst und über einem Kochlöffelstiel gebogen, bis sie erkaltet sind.

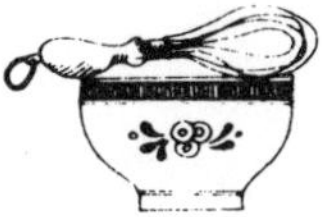

# Erdbeerstanitzel

ca. 8 Stück

*2 Eier*
*100 g Zucker*
*70 g Mehl*

– – – – – – –

*Wachs für das Blech*

– – – – – – –

*1/4 l Schlagobers*
*1 EL Zucker*
*100 g Erdbeeren*
*ev. 1 Sahnesteif*

Teigzubereitung wie für die Anisbögen. Auf das bewachste Blech streicht man den Teig dünn in Scheiben von 10 cm Durchmesser auf und bäckt sie bei 200° C hellbraun. Heiß abgelöst, werden sie zu Stanitzeln geformt, die man erkaltet mit steifem Obers, in das man Erdbeeren und Zucker mischt, füllt.

# Blätterteige

# Obsttascherln aus Blätterteig

*1 Paket Blätterteig*
*12 halbe Kompottfrüchte, Marillen oder Pfirsiche*
*100 g Marillenmarmelade*

– – – – – – –

*1 Ei zum Bestreichen*

– – – – – – –

*12 Zahnstocher*

Der nach Vorschrift aufgetaute Blätterteig wird zu einem Rechteck, 30 x 40 cm, ausgerollt. Daraus schneidet man 12 Quadrate. In die Mitte eines jeden Quadrates gibt man 1 TL Marmelade, setzt die abgetropfte Frucht darauf, schlägt 2 Ecken darüber und steckt diese mit einem Zahnstocher fest.

Nachdem man die Tascherln mit zerklopftem Ei bestrichen hat, legt man sie auf ein leicht gefettetes Backblech und bäckt sie im vorgeheizten Rohr bei 200° C auf der mittleren Schiene goldbraun.

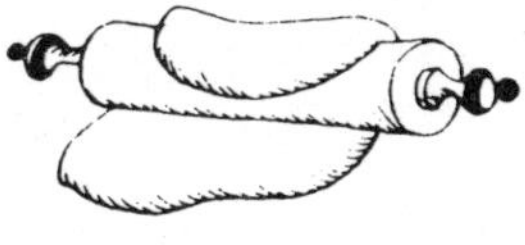

# Topfenschnitten

*1 Paket Blätterteig*
*Topfenfülle,*
*siehe Füllen*

– – – – – –

*1 Ei zum*
*Bestreichen*

– – – – – – –

*Zucker zum*
*Bestreuen*

Der aufgetaute Blätterteig wird 30 x 40 cm, rechteckig, ausgerollt. Vier 1 1/2 cm breite Streifen werden von der Längsseite abgeschnitten, der restliche Teig in zwei Streifen geteilt und auf das Backblech gelegt. Die breiten Streifen bestreicht man in der Mitte, der Länge nach, mit Topfenfülle. Die Ränder werden mit Ei bestrichen und die schmalen Teigstreifen kreuzweise über den Kuchen gelegt.
Mit Ei bestrichen, werden die Schnitten im vorgeheizten Rohr bei 200° C gebacken. Noch heiß werden sie bezuckert.

# Apfel- oder Birnenkuchen

*1 Paket Blätterteig*
*6 mittelgroße Äpfel oder Birnen*
*1/2 l Wasser*
*50 g Zucker*
*1/2 Zitrone Saft*

– – – – – – –

*150 g Ribiselmarmelade*

– – – – – – –

*1/8 l Schlagobers*
*1 TL Zucker*

– – – – – – –

*1 Ei zum Bestreichen*

Der aufgetaute Blätterteig wird wie für die Topfenschnitten in Streifen geteilt. Das geschälte Obst wird halbiert, entkernt, im Zuckerwasser vorsichtig gedünstet und gut abgetropft. Die breiten Teigstreifen werden aufs Blech gelegt, die schmalen Teigbänder der Länge nach mit Ei an die Ränder geklebt, mit Ei bestrichen und bei 220° C im vorgeheizten Rohr hellbraun gebacken. Erkaltet, werden die Streifen innen mit Marmelade bestrichen, mit dem Obst belegt, mit steifem Schlagobers gespritzt und mit Marmelade verziert.

# Erdbeerschnitten

*1 Paket Blätterteig*
*1 Eiklar zum Bestreichen*

– – – – – – –

*250 g Erdbeeren*
*50 g Zucker*

– – – – – – –

*1/4 l Schlagobers*
*40 g Zucker*

– – – – – – –

*100 g Erdbeeren*

Man arbeitet und bäckt Blätterteigstreifen wie für den Apfelkuchen.
Die Erdbeeren werden püriert, mit Zucker vermischt, in die Streifen gestrichen. Darauf streicht man das steifgeschlagene, gezuckerte Obers und bestreut mit Erdbeeren.
Anstelle der Erdbeeren kann man auch Himbeeren nehmen.

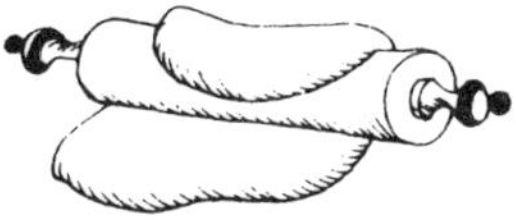

# Cremeschnitten

*1 Paket Blätterteig*
*1 Eiklar zum Bestreichen*

– – – – – –

*Vanillecreme:*
*1/8 l Milch*
*1 Eidotter*
*1 Ei*
*1 TL Maizena*
*1 Vanillin*
*80 g Zucker*
*3 Blatt Gelatine*
*1/8 l Schlagobers*

– – – – – –

*Zucker zum Bestreuen*

Der aufgetaute Blätterteig wird zu einem Rechteck, 20 x 40 cm, ausgerollt und mit Eiklar bestrichen. Die Teigstreifen werden bei 220° C im vorgeheizten Rohr gebacken. Ausgekühlt, streicht man auf einen Streifen die steife Creme, schneidet den 2. Streifen in 4 cm breite Stücke, setzt sie darauf und bezuckert leicht.
Creme: Milch, Dotter, Ei, Maizena, Vanillin und Zucker werden über Dampf dickschaumig geschlagen. Die in kaltem Wasser eingeweichte, gut ausgedrückte Gelatine löst man in der Creme auf. Wenn sie kalt ist, aber noch nicht stockt, zieht man das steifgeschlagene Obers darunter und stellt die Creme kalt, bis sie steif wird.

# Notizen

# Germteige

# Wie man einen Germteig zubereitet

Zuerst wird eine Gärprobe gemacht. Dazu verrührt man die Germ mit 2 EL warmer Milch oder Wasser, 1 TL Zucker und 1 EL Mehl. An einem warmen Ort läßt man sie auf die doppelte Höhe aufgehen.
Das Mehl gibt man in eine entsprechend große Schüssel, verrührt darin Salz, Gewürze und den Zucker. Das Fett wird zerlassen, die Milch dazugeschüttet und die Eier darin versprudelt. Die Gärprobe und die Flüssigkeit werden ins Mehl gerührt und der Teig gut abgeschlagen. Er muß ganz glatt sein und sich vom Rand lösen. Leicht mit Mehl bestäubt und mit einem Tuch zugedeckt, läßt man ihn an einem warmen Ort doppelt so hoch aufgehen. Bevor der Teig ausgeformt wird, knetet man ihn auf einem bemehlten Brett gut durch. Dadurch wird er feinporig. Weiche Teige schlägt man in der Schüssel nochmals ab.
Die Backform muß gut eingefettet werden. Hohe Gebäcke kann man auf die unterste Schiene ins kalte Backrohr schieben und bei 150° C backen. Flaches Backwerk läßt man auf dem Blech aufgehen, schiebt es auf die mittlere Schiene ins heiße Rohr und bäckt es bei 160 – 180° C.
Fertige Gebäcke in der Form leicht auskühlen lassen, stürzen und erst vollkommen erkaltet aufschneiden.

# Feiner Germgugelhupf

*30 g Germ*
*500 g Mehl*
*100 g Zucker*
*1 Vanillin*
*1 TL Zitronenschale*
*1 TL Salz*
*180 g Butter*
*1/4 l Milch*
*1 Ei*
*4 Eidotter*
*1 EL Rum*
*100 g Rosinen*

– – – – – – –

*30 g Mandeln, geschält*

– – – – – – –

*30 g Butter für die Form*

– – – – – – –

*Zucker zum Bestreuen*

Aus den Zutaten macht man einen weichen Germteig. Die Rosinen mengt man erst am Schluß in den Teig. Nach dem Aufgehen schlägt man ihn nochmals gut ab.

Eine bebutterte Gugelhupfform wird mit Mandeln ausgelegt, der Teig daraufgegeben und nach nochmaligem Aufgehen bei 150° C ca. 1 – 1 1/4 Stunden gebacken.

Überkühlt wird der Gugelhupf gestürzt und bezuckert.

# Batzerlgugelhupf

*30 g Germ*
*500 g Mehl*
*60 g Zucker*
*1 Vanillin*
*1 TL Zitronenschale*
*1 TL Salz*
*100 g Butter*
*schwach 1/4 l Milch*
*1 Ei*
*3 Eidotter*
*1 EL Rum*

– – – – – – –

*Mohn-, Nuß- und Topfenfülle, jeweils die halbe Menge, siehe Buchtelfüllen*

– – – – – – –

*30 g Butter für die Form*

– – – – – – –

*Zucker zum Bestreuen*

Aus den angegebenen Zutaten macht man einen nicht zu weichen Germteig, den man nach dem Aufgehen auf dem Brett zusammenknetet und 1 cm dick, rechteckig, ausrollt. Daraus schneidet man 18 gleiche große Stücke und belegt je 6 mit Nuß-, Mohn- und Topfenfülle. Die Teigränder drückt man über der Fülle gut zusammen und setzt diese „Batzerln" abwechselnd in eine gefettete Gugelhupfform. Nach nochmaligem Aufgehen wird der Kuchen bei 150° C 1 – 1 1/4 Stunden gebacken. Überkühlt wird er gestürzt und bezuckert.

# Kärntner Hochzeitsreindling

*20 g Germ*
*500 g Mehl*
*40 g Zucker*
*1 TL Salz*
*1 TL Anis, gehackt*
*80 g Butter*
*1/4 l Milch*
*1 Ei*
*1 Eidotter*

– – – – – – –

*Fülle:*
*50 g Butter*
*50 g Karobemehl*
*150 g Nüsse, grob aufgehackt*
*300 g Kletzen, gekocht, fein aufgehackt*
*5 EL Honig oder*
*50 g Zucker*

– – – – – – –

*50 g Butterschmalz für die Form*

Der aufgegangene Germteig wird nach dem Durchkneten 1 cm dick, rechteckig, ausgerollt. Zuerst wird er mit zerlassener Butter bestrichen, mit Karobemehl, Nüssen und Kletzen bestreut und mit Honig beträufelt. Fest zusammengerollt, legt man ihn in eine sehr gut befettete, irdene Reinlingform, die in der Mitte einen Zapfen haben muß. Eine Gugelhupfform tut es auch.
Ins kalte Backrohr geschoben, wird er ca. 1 1/4 Stunden bei 150° C gebacken.

# Weihnachtsstriezel

*20 g Germ*
*500 g Mehl*
*1 EL Zucker*
*1 TL Zitronenschale*
*1 TL Salz*
*100 g Rosinen*
*100 g Butter*
*ca. 1/8 l Milch*
*2 Eidotter*

– – – – – – –

*1 Ei zum Bestreuen*
*50 g Mandeln, geschält, stiftelig geschnitten*

– – – – – – –

*30 g Zucker und 1/2 Vanillin zum Bestreuen*

– – – – – – –

*Butter für das Blech*

Aus den Zutaten macht man einen festen Germteig. Die Rosinen knetet man erst am Schluß ein. Nach dem Aufgehen und Durchkneten teilt man den Teig in 6 Teile und formt daraus ca. 40 cm lange, in der Mitte etwas dickere Rollen. Daraus flicht man einen vierteiligen und einen zweiteiligen Zopf. Die Zöpfe werden übereinandergelegt, wobei der zweiteilige, längere, an den beiden Enden unter den vierteiligen geschoben wird.

Nach nochmaligem Aufgehen auf dem gut gefetteten Blech bestreicht man den Striezel mit zerklopftem Ei, bestreut mit Mandeln und bäckt ihn bei 160° C ca. 40 – 60 Minuten. Wird er zu früh braun, deckt man ihn mit einem Papier ab. Ganz heiß wird der Striezel mit vanilliertem Zucker bestreut.

# Buchteln

*30 g Germ*
*500 g Mehl*
*60 g Zucker*
*1 Vanillin*
*1 TL Zitronen-schale*
*1 TL Salz*
*100 g Butter*
*schwach 1/4 l Milch*
*1 Ei*
*1 Eidotter*
*1 EL Rum*

– – – – – – –

*250 g beliebige Marmelade*
*oder 1 x die Menge einer der angegebenen Füllen, siehe Füllen*

– – – – – – –

*100 g Butter*

– – – – – – –

*1 Vanillin und Zucker zum Bestreuen*

Man macht einen Germteig, den man nach dem Aufgehen auf dem gut bemehlten Brett durchknetet und 1/2 cm dick, rechteckig, ausrollt. Dann radelt man ihn zu Quadraten von 6 cm Seitenlänge aus. Auf jedes Teigstück gibt man 1 TL Fülle, drückt alle Ränder gut aneinander, taucht jedes Teigbällchen in zerlassene Butter und setzt sie dicht nebeneinander in eine Pfanne. Nach nochmaligem Aufgehen bäckt man die Buchteln bei 180° C ca. 1/2 – 3/4 Stunden. Gestürzt, werden sie mit vanilliertem Zucker bestreut und auseinandergelöst.

Probieren Sie doch einmal eine andere, als eine Marmeladefülle aus.

# Nuß- oder Mohnstrudel

*30 g Germ*
*500 g Mehl*
*60 g Zucker*
*1 TL Zitronenschale*
*1 TL Anis, gehackt*
*1 TL Salz*
*60 g Butter*
*schwach 1/4 l Milch*
*1 Ei*
*1 Eidotter*
*1 EL Rum*

– – – – – – –

*Nuß- oder Mohnfülle, doppelte Menge, siehe Füllen*

– – – – – – –

*30 g Butter für das Blech*

– – – – – – –

*1 Eiklar zum Bestreichen*

Man bereitet einen festeren Germteig, den man nach dem Aufgehen auf dem bemehlten Brett durchknetet und 1 cm dick, rechteckig, ausrollt. Darauf verteilt man die noch lauwarme Nuß- oder Mohnfülle und rollt den Strudel dicht zusammen. Auf ein bebuttertes Blech gelegt, wird er mit Eiklar bestrichen. Nach nochmaligem Aufgehen bäckt man ihn im vorgeheizten Rohr bei 150° C ca. 1 Stunde.

# Kolatschen

*30 g Germ*
*500 g Mehl*
*60 g Zucker*
*1 TL Salz*
*1 Vanillin*
*1/2 TL Zitronenschale*
*100 g Butter*
*3/16 l Milch*
*1 Ei*
*1 Eidotter*
*1 EL Rum*

– – – – – – –

*Beliebige Fülle*
*1 Menge, siehe Füllen*

– – – – – – –

*30 g Butter für das Blech*

– – – – – – –

*1 Eiklar zum Bestreichen*

– – – – – – –

*30 g Mandeln, geschält, grob gehackt*

Der gegangene Germteig wird nach nochmaligem Durchkneten 1 cm dick ausgerollt und zu viereckigen Stücken von ca. 10 cm Seitenlänge ausgeschnitten. In die Mitte eines jeden Viereckes gibt man 1 EL von der Fülle, schlägt die Ecken übereinander, drückt die Ränder gut zusammen, legt die Kolatschen mit der oberen Seite nach unten auf ein befettetes Backblech und läßt sie nochmals aufgehen. Dann bestreicht man mit Eiklar, bestreut mit Mandeln und bäckt sie bei ca. 170° C hellbraun.

Andere Zubereitungsart:
Scheiben aus dem ausgerollten Germteig austechen, aufs Blech legen, in der Mitte eine Vertiefung auseinanderziehen, mit Fülle belegen und gehen lassen.
Weitere Behandlung wie oben.

# Zwetschkenfleck

*20 g Germ*
*300 g Mehl*
*50 g Zucker*
*1/2 TL Salz*
*1 Vanillin*
*1/2 TL Zitronenschale*
*50 g Butter*
*1/8 l Milch*
*1 Ei*

– – – – – – –

*1 kg Zwetschken*
*50 g Zucker*
*1 TL Zimt*

– – – – – – –

*30 g Fett für das Blech*

Den aufgegangenen Germteig rollt man 1/2 cm dick aus und legt ihn auf das befettete Blech.
Die Zwetschken werden halbiert, entsteint und die Hälften nochmals in der Mitte so weit geteilt, daß sie an einem Ende zusammenhängen. Dann legt man sie mit der Haut nach unten, leicht überlappend, auf den Teig.
Nach nochmaligem Aufgehen schiebt man den Kuchen ins vorgeheizte Rohr und bäckt ihn bei 180° C. Wenn sich der Teig zu bräunen beginnt, bestreut man ihn mit dem Zucker-Zimtgemisch und bäckt ihn fertig.
Backzeit ca. 30 – 40 Minuten.

Anstelle von Zwetschken kann man auch Marillen, Kirschen, Ribisel oder Schwarzbeeren nehmen.

# Obstkuchen mit Streusel

*Germteigzutaten wie für den Zwetschkenfleck*

– – – – – – –

*1 kg beliebige Früchte*

– – – – – – –

*Streusel:*
*100 g Butter*
*100 g Mehl*
*100 g Kristallzucker*
*100 g Mandeln, gerieben*
*1 TL Zimt*
*1 Prise Salz*

– – – – – – –

*30 g Fett für das Blech*

Der gegangene Germteig wird 1/2 cm dick ausgerollt auf das befettete Blech gelegt. Darauf verteilt man die Früchte und das Streusel, läßt den Kuchen aufgehen und bäckt ihn bei 180° C ca. 30 – 40 Minuten.
Streusel: Die Butter läßt man schmelzen, aber nicht heiß werden. Dann gibt man alle anderen Zutaten dazu und rührt alles mit einer Gabel gut durch, bis es feinbröselig wird.
Zwetschken, Marillen oder kleine Pfirsiche werden wie für den Zwetschkenfleck vorbereitet. Beerenobst wird gut gewaschen und abgetrocknet. Gefrorene Beeren muß man vorher antauen lassen.

# Schnecken

*30 g Germ*
*500 g Mehl*
*80 g Zucker*
*1 TL Salz*
*160 g Butter*
*1/8 l Milch*
*4 Eidotter*
*1 EL Rum*
*– – – – – – –*
*Fülle:*
*200 g Nüsse, gerieben*
*100 g Rosinen*
*50 g Zitronat oder Arancini, kleingehackt*
*50 g Schokolade, gerieben*
*1/2 TL Zimt*
*1 TL Zitronenschale*
*50 g Kristallzucker*
*– – – – – – –*
*100 g Butter*
*– – – – – – –*
*1 Eiklar zum Bestreichen*
*– – – – – – –*
*Zitronen- oder Rumglasur, siehe Glasuren*

Aus den ersten Zutaten macht man einen festen Germteig, den man, ohne ihn aufgehen zu lassen, auf dem Brett 1/2 cm dick, rechteckig ausrollt.
Die Zutaten für die Fülle werden gemischt, auf den Teig gleichmäßig aufgestreut und alles gut mit zerlassener Butter betropft. Dann rollt man den Teig fest zusammen und schneidet 2 cm dicke Stücke ab. Auf einem befetteten Backblech läßt man diese ca. 1 Stunde aufgehen. Mit Eiklar bestrichen, werden sie ihn vorgeheizten Backrohr bei 180° C hellbraun gebacken. Noch heiß werden sie dünn mit einer der beiden Glasuren überzogen.

# Wespennester

*30 g Germ*
*500 g Mehl*
*60 g Zucker*
*1 TL Salz*
*1 Vanillin*
*1 TL Zitronen-schale*
*120 g Butter*
*3/16 l Milch*
*1 Ei*
*2 Eidotter*

– – – – – –

*Fülle:*
*100 g Mandeln, stiftelig geschnitten*
*100 g Rosinen*
*100 g Nüsse, gehackt*
*50 g Zitronat oder Arancini, kleingehackt*
*50 g Zucker*
*1 TL Zimt*
*2 EL Rum*

– – – – – –

*100 g Butter*

– – – – – –

*Zucker und Zimt zum Bestreuen*

Man macht einen Germteig, den man nach dem Aufgehen 1 cm dick, rechteckig ausrollt. Zuerst wird er mit zerlassener Butter bestrichen, mit der Fülle bestreut, mit Rum betropft und fest zusammengerollt.
Die Rolle wird in 5 cm lange Stücke geschnitten und der Teig von den Rändern etwas über die Schnittflächen gezogen. Rundherum mit Butter bepinselt, setzt man die Teigstücke dicht nebeneinander in eine Pfanne. Nach nochmaligem Aufgehen bäckt man bei 160° C ca. 3/4 Stunden. Überkühlt werden sie aus der Pfanne gestürzt, bezuckert und voneinander gelöst.

# Kranzkuchen

*Germteigmenge und Fülle wie für die Wespennester oder Schnecken.*
*Zuckerglasur, siehe Glasuren*

*– – – – – –*

*Die Menge reicht für 2 kleine Kranzkuchen*

Der Germteig wird wie für die Wespennester zu einer Rolle gearbeitet. Die gefüllte Teigrolle wird von der Mitte her mit einem scharfen Messer der Länge nach aufgeschnitten. Dann schlingt man die beiden Teighälften übereinander. Wenn eine Hälfte fertig ist, arbeitet man die zweite, formt einen Kranz und drückt die Enden gut zusammen. Auf einem gefetteten Blech wird der Kuchen nach nochmaligem Aufgehen bei 180° C ca. 3/4 Stunden gebacken. Noch heiß wird er mit Zuckerglasur bestrichen.

# Kipferln aus mürbem Germteig

*250 g Mehl*
*160 g Butter*
*50 g Zucker*
*1/4 TL Salz*
*30 g Germ*
*4 EL saurer Rahm oder Milch*
*2 Eidotter*

– – – – – – –

*Fülle:*
*200 g beliebige Marmelade*
*Nuß-, Mohn- oder Mandelfülle, 1 Menge, siehe Füllen*

– – – – – – –

*2 Eiklar zum Bestreichen*

Mehl und Butter werden wie für den Mürbteig abgebröselt. Dann mengt man alle trockenen Zutaten darunter und knetet den Teig mit Eidottern und der im Rahm oder in der Milch aufgelösten Germ rasch zusammen. Den Teig läßt man 1/2 Stunde kalt rasten.

Auf dem bemehlten Brett rollt man ihn 3 mm dick aus und schneidet ihn zu Quadraten von ca. 8 cm Seitenlänge. In die obere Ecke streicht man die Fülle, rollt alles zur unteren Ecke zusammen und formt Kipferln. Diese läßt man auf einem Backblech aufgehen. Mit Eiklar bestrichen, schiebt man sie ins vorgeheizte Rohr und bäckt sie bei 180° C goldbraun.

# Apfelkuchen aus mürbem Germteig

*250 g Mehl*
*160 g Butter*
*50 g Zucker*
*1/4 TL Salz*
*30 g Germ*
*4 EL saurer Rahm*
*2 Eidotter*
*– – – – – –*
*Fülle:*
*20 g Zucker*
*20 g Mandeln, gerieben*
*20 g Semmelbrösel*
*Apfelfülle, 1 Menge, siehe Füllen*
*– – – – – –*
*1 Eiklar zum Bestreichen*
*– – – – – –*
*Zucker zum Bestreuen*

Man macht einen Teig wie für die Kipferln. Nach dem Rasten rollt man ihn auf einem Butterpapier ca 4 mm dick, rechteckig, aus. Von der Längsseite radelt man drei 1 1/2 cm breite Streifen herunter.

Zucker, Mandeln und Brösel werden vermischt, auf den Teig gestreut und darüber die Apfelfülle verteilt. Dabei läßt man auf beiden Längseiten einen 4 cm breiten Teigstreifen frei, den man über die Fülle schlägt. Über die Apfelfülle legt man gitterartig die schmalen Teigstreifen. Den Kuchen gibt man mit dem Papier aufs Blech, läßt ihn 1 Stunde aufgehen, bestreicht mit Eiklar und bäckt ihn im vorgeheizten Rohr bei 180° C. Noch heiß wird er leicht bezuckert.

Anstelle der Apfel- kann man auch eine Topfenfülle nehmen.

# Notizen

# Mürbteige

# Wie man einen Mürbteig zubereitet

**1. Abgebröselter Mürbteig**
Das Mehl wird aufs Brett gesiebt, die kalte Butter oder Margarine mit dem Messer in dünne Scheiben hineingeschnitten und mit dem Nudelholz im Mehl ausgerollt. Dann erst bröselt man **kurz** mit den Händen ab. Alle trockenen Zutaten werden nun leicht untergemischt, Eier oder Flüssigkeit damit verrührt und alles locker und rasch zusammengeknetet. Mürbteig darf man **nie** fest und lang kneten, weil er sonst brüchig wird. Der Teig soll unbedingt vor dem Ausarbeiten 1/2 Stunde kalt rasten. Auf dem gut bemehlten Brett locker ausrollen, ausformen und auf ein ungefettetes Backblech legen. **Das Backrohr vorheizen,** auf der mittleren Schiene bei 180 – 200° C goldbraun backen. Auf dem Blech leicht überkühlen lassen, herunternehmen und ganz flach zum Auskühlen auf ein Brett legen.

**2. Gerührter Mürbteig**
Dazu das Fett mit Zucker, den Gewürzen und Eiern schaumig rühren, die Flüssigkeit und die Hälfte des Mehles einrühren. Die 2. Hälfte des Mehles gibt man auf ein Brett und knetet es mit der abgerührten Masse rasch zusammen. **Sofort** weiterverarbeiten und auf einem befetteten Blech wie den abgebröselten Teig backen.
Für diese Zubereitungsart braucht man viel weniger Fett.

# Apfel- oder Topfenschnitten

*150 g Butter*
*150 g Zucker*
*2 Eier*
*1 Vanillin*
*1/2 Zitrone,*
*Saft und Schale*
*1 Prise Salz*
*6 EL Milch*
*400 g Mehl*
*1/2 Backpulver*

– – – – – –

*Apfel- oder*
*Topfenfülle*
*doppelte Menge,*
*siehe Füllen*

– – – – – –

*1 Eiklar zum*
*Bestreichen*

– – – – – –

*Zucker und Zimt*
*zum Bestreuen*

Aus den Zutaten macht man einen gerührten Mürbteig, den man in 2 gleichgroße Rechtecke in Backblechgröße ausrollt. Einen Teigfleck legt man auf das Backblech, bestreicht es mit der Fülle, hebt mit dem Nudelholz die zweite Teighälfte darüber und drückt die Ränder gut zusammen. Man sticht den Kuchen einige Male mit der Gabel an, bestreicht ihn mit Eiklar und bäckt ihn bei 180° C. Noch heiß wird er überzuckert und vollkommen erkaltet in Schnitten geteilt.

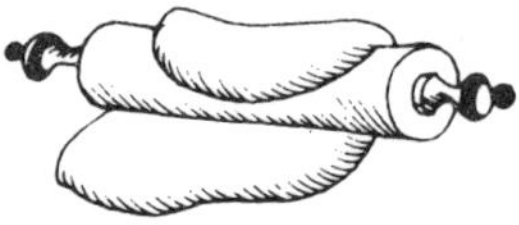

# Brauner Apfelkuchen

*250 g Butter*
*300 g Mehl*
*100 g Mandeln, gerieben*
*100 g Schokolade, gerieben*
*100 g Zucker*
*1 Vanillin*
*1/2 Zitrone, Saft und Schale*
*1 Ei*
*1 Eidotter*

– – – – – –

*Apfelfülle doppelte Menge, siehe Füllen*

– – – – – –

*1 Eiklar zum Bestreichen*

– – – – – –

*Zucker und Zimt zum Bestreuen*

Man macht einen abgebröselten Mürbteig, den man nach dem Rasten wie die Apfelschnitten ausarbeitet und bäckt.

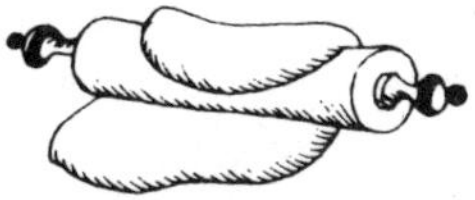

# Apfelkuchen

*150 g Butter*
*200 g Mehl*
*70 g Zucker*
*1 Vanillin*
*1 Prise Salz*
*1 Eidotter*
*1 TL Zitronensaft*
– – – – – – –
*4 Äpfel, mittelgroß*
*1/2 l Wasser*
*50 g Zucker*
*1/2 Zitrone, Saft*
– – – – – – –
*150 g Ribisel-marmelade*
– – – – – – –
*1/8 l Schlagobers*
*1 TL Zucker*
– – – – – – –
*1 Eiklar zum Bestreichen*

Der gut gerastete, abgebröselte Mürbteig wird 1/2 cm dick zu einem Streifen von 12 cm Breite ausgerollt. Davon schneidet man 2 lange Streifen von 1 cm Breite ab, die man auf die beiden Längsränder mit Eiklar aufklebt und mit Klar bestreicht. Bei 180° C wird der Streifen hellbraun gebacken.
Die geschälten Äpfel werden halbiert, entkernt, im Zucker-Zitronenwasser kernig weich gedünstet, abgetropft und ausgekühlt.
Das Obers wird steifgeschlagen und gesüßt.
Der gebackene Teigstreifen wird innerhalb der Ränder mit Marmelade bestrichen und mit den Äpfeln belegt. Über die Apfelrundungen zieht man einen schmalen Streifen Marmelade und spritzt seitlich mit Obers.

# Ribiselschnitten

*150 g Butter*
*300 g Mehl*
*100 g Zucker*
*1/2 TL Zitronen-schale*
*1 Prise Salz*
*1 Vanillin*
*3 Eidotter*
– – – – – – –
*500 g Ribiseln*
*100 g Zucker*
*6 EL Wasser*
– – – – – – –
*3 Eiklar Schnee*
*90 g Zucker*

Der abgebröselte Mürbteig wird nach dem Rasten gut messerrückendick rechteckig ausgerollt und bei 180° C hellbraun gebacken.

Die Ribiseln läßt man im kochenden Zuckerwasser einmal aufwallen und nimmt sie mit dem Siebschöpfer heraus. Das Zuckerwasser dickt man auf die Hälfte ein.

In den steifen Schnee schlägt man den Zucker löffelweise ein.

Auf dem gebackenen Mürbteigboden verteilt man zuerst den Ribiselsaft, dann die Beeren und streicht die Eischneemasse darüber. Der Kuchen wird noch solange ins heiße Rohr geschoben, bis die Schneemasse gelb geworden ist.

# Schneller Topfen- oder Marillenkuchen

*150 g Butter*
*300 g Mehl*
*100 g Zucker*
*1 Vanillin*
*1 Prise Salz*
*1/2 TL Zitronenschale*
*1/2 Backpulver*
*1 Eidotter*
– – – – – –
*Fülle:*
*500 g Bröseltopfen*
*100 g Zucker*
*1 Vanillin*
*1/2 TL Zitronenschale*
*1 Ei*
*1 Eiklar*
*2 TL Maizena*
*100 g Mandeln, geschält, gerieben oder*
– – – – – –
*750 g Marillen oder Marillenkompott, gut abgetropft*

Butter, Zucker, Dotter und die Gewürze rührt man kurz schaumig und mengt Mehl, vermischt mit Backpulver locker mit einer Gabel darunter, so daß Krümeln entstehen. 2/3 davon gibt man in eine Tortenform (18 cm) und drückt alles auf dem Boden gut an. Darauf kommt die Topfenfülle oder die halbierten Marillen und darüber streut man das restliche Streusel.
Der Kuchen wird bei 160° C ca. 1 Stunde gebacken.
Für die Topfelfülle rührt man den passierten Topfen mit den übrigen Zutaten gut zusammen.

# Kastanienschnitten

*200 g Butter*
*300 g Mehl*
*100 g Mandeln, gerieben*
*100 g Zucker*
*1 Vanillin*
*1/2 TL Zitronenschale*
*1 Prise Salz*
*1 Ei*

– – – – – – –

*Fülle:*
*1 kg Kastanien*
*1/4 l Milch*
*1 Vanillin*
*4 EL Rum*
*50 g Zucker*
*4 EL Schlagobers, flüssig*

– – – – – – –

*100 g Marillenmarmelade*

– – – – – – –

*Schokoladeglasur Nr. 1, siehe Glasuren*

Der abebröselte Mürbteig wird nach dem Rasten 1/2 cm dick ausgerollt und daraus werden zwei 8 cm breite Streifen geschnitten. Diese bäckt man bei 180° C hellbraun. Erkaltet werden sie mit der Kastanienfülle zusammengesetzt, mit Marmelade bestrichen und Schokoladeglasur überzogen. Erst am nächsten Tag aufschneiden!

Fülle: Die angeschnittenen Kastanien werden ins 250° C heiße Rohr geschoben und gargebraten. Geschält, kocht man sie solange in der Milch, bis diese aufgesogen ist. Dann werden sie passiert und mit den anderen Zutaten gut verrührt.

Anstelle frischer Kastanien kann man 2 Pakete tiefgekühlten Kastanienreis verwenden.

# Mohnkuchen

*100 g Butter*
*150 g Mehl*
*50 g Zucker*
*1 Vanillin*
*1 Prise Salz*
*1 Eidotter*
– – – – – – –
*5 Eidotter*
*150 g Zucker*
*1 TL Zitronenschale*
*1 Prise Zimt*
*150 g Mohn, gerieben*
*50 g Rosinen*
*5 Eiklar Schnee*
– – – – – – –
*Zucker zum Bestreuen*

Aus den ersten Zutaten bereitet man einen abgebröselten Mürbteig. Nach dem Rasten rollt man ihn in der Größe eines Tortenbodens (18 cm) aus und bäckt ihn in der Tortenform bei 180° C hellgelb.
Dotter, Zucker und Gewürze werden schaumig gerührt, Mohn, Rosinen und Eischnee daruntergezogen.
Diese Masse streicht man auf den Mürbteigboden und bäckt den Kuchen fertig. Noch heiß wird er leicht bezuckert.

# Haselnußkuchen

*250 g Butter*
*250 g Mehl*
*50 g Zucker*
*1 Vanillin*
*1/4 TL Kardamom*
*2 Eidotter*

— — — — — —

*Fülle:*
*200 g Zucker*
*3 Eidotter*
*1 Vanillin*
*1/4 TL Zitronenschale*
*250 g Haselnüsse, geröstet, gerieben*
*4 Eiklar Schnee*

— — — — — —

*1 Eiklar zum Bestreichen*

Der abgebröselte Mürbteig wird nach dem Rasten in 2 gleichgroße, ca. 4 mm dicke Rechtecke ausgerollt. Eines davon gibt man auf das Backblech, streicht die Fülle darauf und bedeckt es mit dem zweiten Teigfleck. Die Ränder werden gut zusammengedrückt, der Kuchen mit Eiklar bestrichen und bei 180° C ca. 1/2 Stunde gebacken

Fülle: Zucker, Dotter und Gewürze werden gut schaumig gerührt, der steife Schnee und die Haselnüsse abwechselnd untergezogen.

# Nußschnitten

*200 g Butter*
*300 g Mehl*
*200 g Nüsse, gerieben*
*200 g Zucker*
*1 Eidotter*
*1 Prise Salz*

— — — — — — —

*Fülle:*
*1/4 l Schlagobers*
*1 Sahnesteif*
*1 EL Zucker*
*1 Vanillin*

— — — — — — —

*Zucker zum Bestreuen*

Aus den Zutaten wird ein abgebröselter Mürbteig hergestellt, der nach dem Rasten zu 3 gleichgroßen, 4 mm dicken und ca. 8 cm breiten Streifen ausgerollt wird. Diese bäckt man bei 200° C hellbraun.

Ausgekühlt, werden sie mit vanilliertem, steifgeschlagenem Obers zusammengesetzt und unbedingt über Nacht kaltgestellt. Vor dem Aufschneiden leicht anzuckern.

Vorsichtig arbeiten, denn die frischgebackenen Streifen zerbrechen sehr leicht.

# Linzerschnitten

*200 g Butter*
*200 g Mehl*
*200 g Mandeln, gerieben*
*200 g Zucker*
*100 g Schokolade, gerieben*
*1/4 TL Zimt*
*1/2 TL Zitronenschale*
*2 Prisen Nelkenpulver*
*1 Prise Salz*
*1 Vanillin*
*2 Eidotter*

– – – – – – –

*100 g Marillenmarmelade*
*100 g Ribiselmarmelade*

– – – – – – –

*1 Eiklar zum Bestreichen*

– – – – – – –

*Zucker zum Bestreuen*

Aus den ersten Zutaten wird ein abgebröselter Mürbteig hergestellt, den man gut rasten läßt.
Dann rollt man ihn 4 mm dick, rechteckig aus und schneidet 3 Streifen von 8 cm Breite. Aus einem Streifen formt man dünne Röllchen. Ein Streifen wird mit Eiklar bestrichen und mit den Teigröllchen gitterartig belegt. Beide Streifen bäckt man bei 180° C.
Die beiden Teigblätter setzt man mit Marillenmarmelade aufeinander. Der mit dem Gitter belegte Streifen wird leicht angezuckert und die Zwischenräume mit heißer Ribiselmarmelade gefüllt.

# Linzeraugen

*200 g Butter*
*200 g Mehl*
*100 g Mandeln, geschält, gerieben*
*70 g Zucker*
*1 Vanillin*
*1/2 TL Zitronenschale*
*1 Prise Salz*
*2 Prisen Zimt*
*2 Prisen Nelkenpulver*
*2 Eidotter*

– – – – – – –

*1 Ei zum Bestreichen*

– – – – – – –

*50 g Mandeln, geschält, gehobelt*

– – – – – – –

*200 g Ribiselmarmelade*

Der abgebröselte, gut gerastete Mürbteig wird messerrückendick ausgerollt und zu Scheiben von ca. 8 cm Durchmesser ausgestochen. Die Hälfte der Scheiben wird mit einem Loch in der Mitte versehen. Diese Ringe bestreicht man mit zerklopftem Ei und bestreut sie mit den Mandeln. Dann bäckt man alles bei 180° C. Erkaltet, bestreicht man die Scheiben mit Marmelade und setzt die Ringe darauf.

# Topfentascherln

*150 g Butter*
*150 g Mehl*
*150 g Topfen, passiert*
*1/4 TL Salz*

– – – – – – –

*100 g Marmelade*

– – – – – – –

*1 Eiklar zum Bestreichen*

– – – – – – –

*Zucker zum Bestreuen*

Butter und Mehl werden wie für den Mürbteig abgebröselt, mit Topfen und Salz vermischt und rasch zusammengeknetet. Nach halbstündigem Rasten rollt man den Teig gut messerrückendick aus und radelt Quadrate von 8 cm Seitenlänge. In die Mitte setzt man 1 TL Marmelade, bestreicht die Ränder mit Eiklar, schlägt zu Tascherln zusammen. Mit Eiklar bestrichen bäckt man sie im vorgeheizten Rohr bei 200° C hellbraun. Noch heiß werden sie bezuckert und warm serviert.

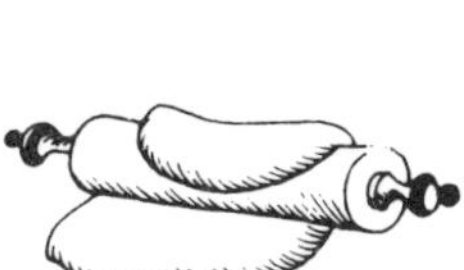

# Notizen

# Rührteige

# Wie man einen Rührteig zubereitet

Das Fett, es kann Butter oder Margarine sein, wird schaumig gerührt. Dann gibt man nach und nach die Eidotter, Zucker und die jeweils im Rezept angegebenen Gewürze dazu und rührt alles sehr gut schaumig.
Das Eiklar wird mit etwas Salz steif geschlagen, Mehl wird mit dem Backpulver vermischt.
Wenn Milch im Rezept angegeben ist, rührt man zuerst diese mit 2/3 des Mehles und 1/3 des Eischnees in den Abtrieb. Das restliche Mehl und der Schnee werden mit einem Kochlöffel vorsichtig untergezogen. Den Teig füllt man **sofort** in eine mit Fett bestrichene und bemehlte Form.
Flache Kuchen schiebt man in die Mitte des Backrohres, hohe auf die unterste Schiene. Das Backrohr braucht nicht vorgeheizt zu werden Flache Kuchen bäckt man bei 200° C, hohe bei 150 – 180° C.
Wenn sie fertig sind, läßt man sie zuerst 5 Minuten in der Form überkühlen und stürzt sie auf ein Gitter.
Alle Rührteigkuchen sollen erst vollkommen erkaltet angeschnitten werden.

# Obstschnitten

*200 g Butter*
*200 g Zucker*
*1 Vanillin*
*1 EL Rum*
*1 Zitrone,*
*Saft und Schale*
*3 Eidotter*
*400 g Mehl*
*1 Backpulver*
*3/16 l Milch oder*
*saurer Rahm*
*3 Eiklar Schnee*
*1 Prise Salz*

– – – – – – –

*1 kg beliebiges Obst*

– – – – – – –

*Fett und Mehl*
*für die Form*

– – – – – – –

*50 g Zucker*
*1 TL Zimt*

Aus den Zutaten wird ein Rührteig gemacht, den man auf ein vorgerichtetes Backblech streicht. Der Teig wird gleichmäßig mit dem Obst belegt. Gebacken wird der Kuchen bei 180° C. Wenn er braun zu werden beginnt, bestreut man ihn mit dem Zucker-Zimtgemisch und bäckt ihn fertig.

Äpfel oder Birnen werden geschält und in ca. 1 cm dicke Spalten geschnitten. Zwetschken oder Marillen werden halbiert, entsteint und mit der Schnittfläche nach oben auf den Teig gelegt.

Schwarzbeeren oder Ribisel eignen sich auch gut als Belag.

# Weißer Kirschkuchen

*200 g Butter*
*200 g Zucker*
*4 Eidotter*
*1 EL Rum*
*1 Vanillin*
*1/2 TL Kardamom*
*2 EL saurer Rahm*
*300 g Mehl*
*1/2 TL Backpulver*
*4 Eiklar Schnee*
*1 Prise Salz*

– – – – – – –

*1 kg Kirschen*

– – – – – – –

*Fett und Mehl*
*für das Backblech*

– – – – – – –

*Zucker zum*
*Bestreuen*

Aus den Zutaten bereitet man einen Rührteig, den man fingerhoch auf ein vorgerichtetes Backblech streicht. Die gewaschenen gut abge trockneten Kirschen verteilt man gleichmäßig auf dem Teig.

Der Kuchen wird auf die 2. Schiene ins Backrohr eingeschoben und bei 180 – 200° C 1/2 Stunde gebacken. Noch heiß kann man ihn mit Zucker bestreuen und kalt in Stücke teilen.

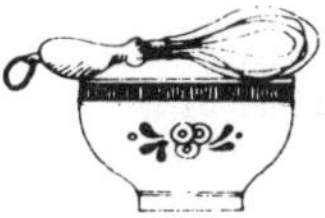

# Brauner Kirschkuchen

*200 g Butter*
*200 g Zucker*
*4 Eidotter*
*1 EL Rum*
*1 Vanillin*
*1/2 TL Kardamom*
*1 EL saurer Rahm*
*200 g Mehl*
*150 g Mandeln*
*150 g Schokolade,*
*beides gerieben*
*1/2 TL Backpulver*
*4 Eiklar Schnee*
*1 Prise Salz*

– – – – – –

*1 kg Kirschen*

– – – – – –

*Fett und Mehl*
*für das Backblech*

– – – – – –

*Zucker zum*
*Bestreuen*

Aus den Zutaten bereitet man einen Rührteig. Mandeln und Schokolade werden mit dem Mehl vermischt.
Die weitere Zubereitung erfolgt wir beim weißen Kirschkuchen.

# Rhabarberkuchen

*100 g Butter*
*100 g Zucker*
*1 Vanillin*
*3 Eidotter*
*150 g Mehl*
*1 Msp. Backpulver*
*3 Eiklar Schnee*

– – – – – – –

*1 kg Rhabarber*
*100 g Zucker*
*1/4 l Wasser*

– – – – – – –

*4 Eiklar*
*200 g Zucker*
*200 g Haselnüsse, gerieben*

– – – – – – –

*Fett und Mehl für die Form*

Den aus den ersten Zutaten bereiteten Rührteig streicht man in eine vorgerichtete große Tortenform (26 cm) und bäckt ihn bei 180° C ca. 30 Minuten.

Der geschälte Rhabarber wird in 2 cm lange Stücke geschnitten, im Zuckerwasser kurz gekocht und in einem Sieb abgetropft.

Das Eiklar wird zu einem steifen Schnee geschlagen, der Zucker löffelweise eingeschlagen und die Haselnüsse daruntergezogen.

Auf dem fertigen Kuchenboden verteilt man Rhabarber, streicht darauf die Eischneemasse, schiebt den Kuchen auf die oberste Schiene und bäckt ihn bei 150° C solange, bis die Schaummasse hellbraun ist (ca. 30 Minuten). Der Kuchen darf erst vollkommen erkaltet aus der Form genommen werden.

# Preiselbeerschnitten

*80 g Butter*
*100 g Zucker*
*2 Eidotter*
*1 EL Rum*
*150 g Mehl*
*1/2 TL Backpulver*
*4 Eiklar Schnee*
*1 Prise Salz*

– – – – – – –

*4 EL Rum*
*250 g Preiselbeer-marmelade*

– – – – – – –

*Creme:*
*1/8 l Milch*
*2 Eidotter*
*100 g Zucker*
*3 Blatt Gelatine*
*150 g Preiselbeer-marmelade oder frische Beeren*
*1/8 l Schlagobers*

– – – – – – –

*1/8 l Schlagobers zum Verzieren*

– – – – – – –

*Fett und Mehl für die Form*

Aus den ersten Zutaten macht man einen Rührteig, den man in einer Tortenform (18 cm) bei 180° C bäckt.
Ausgekühlt, beträufelt man den Kuchen mit Rum, bestreicht ihn zuerst mit den Preiselbeeren, dann mit der Creme und stellt ihn kalt. Vor dem Aufschneiden verziert man ihn mit steifgeschlagenem Obers.
Creme: Milch, Dotter und Zucker schlägt man über Dampf dickschaumig und löst die in kaltem Wasser aufgequollene, gut ausgedrückte Gelatine darin auf. In die überkühlte Creme rührt man die passierten Preiselbeeren. Wenn die Masse kalt, aber noch nicht steif ist, zieht man das steifgeschlagene Obers ein.

# Feigenkuchen

*120 g Butter*
*50 g Zucker*
*2 Eidotter*
*1 TL Ingwer*
*150 g Feigen, kleingeschnitten*
*150 g Nüsse, gerieben*
*250 g Mehl*
*1/2 Backpulver*
*1/8 l Milch*
*2 Eiklar Schnee*
*1 Prise Salz*

– – – – – –

*Fett und Mehl für die Form*

Aus den Zutaten macht man einen Rührteig. Feigen, Nüsse, Mehl und Backpulver werden vermischt. Der Teig wird in einer vorgerichteten Kastenform bei 150° C 1 Stunde gebacken.

# Backpulvergugelhupf

*150 g Butter*
*100 g Zucker*
*1 EL Rum*
*1 Vanillin*
*1/2 TL Kardamom*
*1/2 Zitrone, Saft und Schale*
*1 Ei*
*4 Eidotter*
*350 g Mehl*
*1 Backpulver*
*1/8 l Milch*
*50 g Rosinen*
*4 Eiklar Schnee*
*50 g Zucker*

– – – – – – –

*Fett und Mehl für die Form*
*30 g Mandeln, geschält und dünnblättrig geschnitten*

– – – – – – –

*Zucker zum Bestreuen*

Butter, Zucker, Gewürze, Ei und Eidotter rührt man schaumig. Milch, die Hälfte des Mehles, vermischt mit Backpulver und Rosinen werden eingerührt. In den steifgeschlagenen Schnee schlägt man löffelweise den Zucker ein und zieht ihn mit dem restlichen Mehl in den Teig. Die befettete, bemehlte Form wird mit den Mandeln ausgestreut, die Masse eingefüllt und auf der untersten Schiene bei 150° C 1 Stunde gebacken.
Überkühlt, wird der Gugelhupf gestürzt und mit Zucker bestreut.

# Schokoladegugelhupf

*150 g Butter*
*200 g Zucker*
*4 Eidotter*
*1 EL Rum*
*1/2 Zitrone, Schale*
*50 g Kakao*
*6 EL kaltes Wasser*
*350 g Mehl*
*1 Backpulver*
*1/8 l Milch*
*4 Eiklar Schnee*
*50 g Zucker*

– – – – – –

*Fett und Mehl*
*für die Form*

– – – – – –

*Schokoladeglasur*
*Nr. 1, siehe Glasuren*
*oder 1 Becher*
*Schokoladeglasur*

– – – – – –

*30 g Mandeln*

Butter, Zucker, Gewürze und Eidotter rührt man schaumig. Der mit Wasser verrührte Kakao, Milch und die mit Backpulver vermischte halbe Mehlmenge werden eingerührt. In den steifgeschlagenen Schnee schlägt man löffelweise den Zucker ein und zieht ihn mit dem Mehlrest unter den Teig.
Diesen füllt man in die vorgerichtete Form und bäckt bei 150° C 1 Stunde.
Überkühlt, wird der Gugelhupf gestürzt, vollkommen erkaltet glasiert und mit geschälten, halbierten Mandeln belegt.

# Marmorkuchen

*200 g Butter*
*150 g Zucker*
*1 EL Rum*
*1 Vanillin*
*3 Eier*
*100 g Stärkemehl*
*250 g Mehl*
*1 Backpulver*
*1/8 l Milch oder saurer Rahm*
*1 TL Kardamom*
*100 g Schokolade oder 3 EL Kakao*
*4 EL Milch*

– – – – – – –

*Fett und Mehl für die Form*

In den Abtrieb von Butter, Zucker, Gewürzen und Eiern mengt man Mehl, vermischt mit Backpulver und die Milch. Die Hälfte des Teiges gibt man in eine andere Rührschüssel und rührt das Kardamom ein Die Schokolade löst man in heißer Milch auf, Kakao wird mit kalter Milch verrührt und in die 2 Teighälfte gemengt.

In eine vorgerichtete Form füllt man abwechselnd dunkle und helle Masse ein und vermischt beide leicht mit einer Gabel.

Der Kuchen wird bei 180° C ca. 1 Stunde gebacken.

# Gesundheitskuchen

*150 g Butter*
*150 g Zucker*
*3 Eidotter*
*1 EL Rum*
*1 Vanillin*
*1/2 Zitrone*
*Saft und Schale*
*300 g Mehl*
*50 g Mandeln, gehackt*
*50 g Haselnüsse, gehackt*
*50 g Schokolade, kleingeschnitten*
*50 g Rosinen*
*1 Backpulver*
*1/8 l Milch*
*3 Eiklar Schnee*
*1 Prise Salz*

– – – – – –

*Fett und Mehl für die Form*

Aus den Zutaten bereitet man einen Rührteig. Nüsse, Schokolade und Rosinen werden dafür mit dem Mehl vermischt.

Den Teig füllt man in eine vorgerichtete Kastenform und bäckt ihn bei 150° C auf der untersten Schiene im Backrohr ca. 1 Stunde.

# Mohnkuchen

*100 g Butter*
*150 g Zucker*
*1 EL Rum*
*1 Vanillin*
*1/2 Zitrone, Saft und Schale*
*2 Eidotter*
*150 g Mehl*
*150 g Mohn, gerieben*
*6 EL Milch*
*1/2 Backpulver*
*2 Eiklar Schnee*
*1 Prise Salz*

– – – – – –

*Fett und Mehl für die Form*

– – – – – –

*150 g Ribiselmarmelade*

– – – – – –

*Zitronenglasur, siehe Glasuren*

Aus den Zutaten macht man einen Rührteig. Der Mohn wird dafür mit dem Mehl vermischt.
Die Masse, gefüllt in eine vorgerichtete Kasten- oder Tortenform, wird bei 180° C ca. 3/4 Stunden gebacken.
Ausgekühlt, wird der Kuchen mit Marmelade gefüllt und mit Zitronenglasur überzogen.

# Topfenkuchen

*100 g Butter*
*100 g Zucker*
*1 Vanillin*
*1 EL Rum*
*1/2 Zitrone, Saft und Schale*
*5 Eidotter*
*80 g Mandeln, gerieben*
*250 g Bröseltopfen, passiert*
*1 EL saurer Rahm*
*2 EL Semmelbrösel*
*1 Msp. Backpulver*
*5 Eiklar Schnee*
*1 Prise Salz*

– – – – – –

*Fett und Mehl für die Form*

– – – – – –

*Zucker zum Bestreuen*

Butter, Zucker, die Gewürze und Eidotter rührt man schaumig. Dann mengt man die anderen Zutaten in den Abtrieb.
Der Teig wird in eine vorgerichtete Kastenform gefüllt und bei 150° C ca. 50 Minuten gebacken.
Überkühlt, wird der Kuchen herausgestürzt und mit Zucker bestreut.

# Zitronenkuchen

*150 g Butter*
*150 g Zucker*
*1 Zitrone, Saft und Schale*
*2 Eidotter*
*100 g Mehl*
*50 g Stärkemehl*
*2 Msp. Backpulver*
*2 Eiklar Schnee*
*1 Prise Salz*

– – – – – –

*Fett und Mehl für die Form*

– – – – – –

*Zitronenglasur, siehe Glasuren*

Man bereitet einen Rührteig, den man in einer vorgerichteten Kastenform bei 180° C ca. 1/2 Stunde bäckt. Überkühlt, wird der Kuchen gestürzt und mit Zitronenglasur überzogen.

# Rehrücken

*140 g Butter*
*100 g Zucker*
*6 Eidotter*
*120 g Schokolade, gerieben*
*120 g Haselnüsse, gerieben*
*50 g feine Semmelbrösel*
*2 EL Rum*
*6 Eiklar Schnee*
*40 g Zucker*

– – – – – – –

*Fett und Mehl für die Form*

– – – – – – –

*150 g Ribisel- oder Marillenmarmelade*

– – – – – – –

*Schokoladeglasur Nr. 1, siehe Glasuren*

– – – – – – –

*50 g Mandeln, geschält, in Stifte geschnitten*

In den Abtrieb von Butter und Zucker rührt man nach und nach die Eidotter ein. Schokolade, Haselnüsse und die mit Rum angefeuchteten Brösel werden vermischt. In den steifen Eischnee wird der Zucker eingeschlagen. Dann mengt man die trockenen Zutaten und den Schnee vorsichtig in den Abtrieb, füllt die Masse in eine vorgerichtete Rehrückenform und bäckt sie bei 150° C ca. 50 Minuten.

Ausgekühlt, wird der Kuchen einmal durchgeschnitten, mit Marmelade gefüllt, mit Schokoladeglasur überzogen und den Mandelstiften besteckt.

# Notizen

# Strudel

# Wie man einen Strudelteig zubereitet

Das glatte Mehl wird in eine Schüssel gegeben und mit gut lauwarmem Wasser, Öl, Essig und Salz zu einem weichen Teig verrührt. Anschließend wird er solange geknetet, bis er glatt und seidig ist. Auf einen bemehlten Teller gelegt, bestreicht man den Teig mit Öl, bedeckt ihn mit einer warmen Schüssel und läßt ihn 1/2 Stunde rasten.
Auf einem bemehlten Tuch wird der Teig ganz dünn ausgezogen. 3/4 des Teiges werden mit Fülle belegt, das restliche Viertel und die Ränder mit Fett bestrichen, die seitlichen Ränder eingeschlagen und der Strudel von der gefüllten Seite her zusammengerollt. Aufs befettete Blech gelegt, wird er mit Fett bepinselt und im vorgeheizten Rohr, auf der mittleren Schiene, bei 180° C, je nach Dicke, 1/2 – 1 Stunde gebacken. Damit er knusprig wird, bestreicht man ihn während des Backens öfter mit Fett.
Strudel bringt man mit Zucker bestreut, warm zu Tisch.

Grundmenge:
*200 g Mehl, glatt*
*1/2 TL Salz*
*1 EL Öl*
*1/2 TL Essig*
*ca. 1/8 l Wasser, lauwarm*

Anstelle des selbstgemachten Strudelteiges kann man fertige Strudelblätter kaufen. Die angegebenen Füllmengen reichen dann für 2 Strudelblätter.

# Wiener Apfelstrudel

*Fülle:*
*50 g Butter*
*100 g Semmelbrösel*
*1 kg Äpfel*
*80 g Zucker*
*1 TL Zimt*
*50 g Rosinen*
*50 g Nüsse, grobgehackt*
*1/4 l saurer Rahm*
– – – – – – –
*50 g Butter zum Bestreichen*
– – – – – – –
*Zucker zum Bestreuen*

Strudelteig: Mengen und Zubereitung in der allgemeinen Anleitung.
Fülle: Die Brösel werden in der Butter kurz geröstet und ausgekühlt. Die Äpfel werden geschält und dünnblättrig aufgeschnitten. Auf den ausgezogenen Strudelteig streut man zuerst die gerösteten Brösel, dann Äpfel, Zucker, Zimt, Rosinen und Nüsse.
Der Rahm wird glattgerührt und darübergestrichen.
Mit Butter bestrichen und zusammengerollt wird der Strudel auf dem Blech ca. 45 Minuten gebacken und mit Zucker bestreut, serviert.

# Rhabarber-Apfelstrudel

*Fülle:*
*50 g Butter*
*100 g Semmelbrösel*
*500 g Rhabarber*
*500 g Äpfel*
*120 g Zucker*
*1 TL Zimt*
*50 g Rosinen*
– – – – – –
*50 g Butter*
*zum Bestreichen*
– – – – – – –
*Zucker zum*
*Bestreuen*

Strudelteig: Mengen und Zubereitung in der allgemeinen Anleitung.
Die Brösel werden in Butter geröstet. Die Äpfel geschält, dünnblättrig aufgeschnitten, die Rhabarberstengel geschält und in 1/2 cm große Stücke geteilt.
Äpfel und Rhabarber werden vermischt. Auf den ausgezogenen Strudelteig streut man zuerst die Brösel, dann das Obst, Zucker, Zimt und Rosinen, rollt ihn zusammen und bäckt ihn wie den Apfelstrudel.

# Früchtestrudel

*Fülle:*
*100 g Butter*
*3 Eidotter*
*50 g Zucker*
*1/2 Zitrone,*
*Saft und Schale*
*1 Prise Zimt*
*1 Prise Nelkenpulver*
*1/8 l saurer Rahm*
*100 g Haselnüsse,*
*gerieben*
*3 Eiklar Schnee*
*1 Prise Salz*

– – – – – –

*100 g Feigen,*
*100 g Nüsse*
*100 g Dörrpflaumen*
*alles grobgehackt*
*100 g Rosinen*

– – – – – –

*50 g Butter*
*zum Bestreichen*

– – – – –

*Zucker zum*
*Bestreuen*

Strudelteig: Mengen und Zubereitung in der allgemeinen Anleitung.

In den Abtrieb von Butter, Dottern und Zucker rührt man die anderen Zutaten und zieht zuletzt den steifen Schnee darunter.

Die Schaummasse streicht man auf den ausgezogenen Strudelteig, bestreut mit den Früchten, rollt zusammen und bäckt den Strudel wie den Apfelstrudel.

# Milchrahmstrudel

*Fülle:*
*4 alte Semmeln*
*1/4 l Milch*
*100 g Butter*
*100 g Zucker*
*4 Eidotter*
*1/2 Zitrone, Saft und Schale*
*1 Vanillin*
*1/4 l saurer Rahm*
*100 g Topfen, passiert*
*4 Eiklar Schnee*
*1 Prise Salz*
*50 g Rosinen*

– – – – – – –

*1/4 l Milch zum Begießen*

– – – – – – –

*30 g Butter zum Bestreichen*

– – – – – – –

*Zucker zum Bestreuen*

Strudelteig: Mengen und Zubereitung in der allgemeinen Anleitung.

Die Semmeln werden entrindet, in Milch erweicht, gut ausgedrückt und passiert.

Aus Butter, Zucker, Eidottern und Gewürzen macht man einen Abtrieb, rührt die Semmeln, Rahm und Topfen ein und zieht den Eischnee unter.

Diese Masse wird auf den ausgezogenen Strudelteig gestrichen und mit den Rosinen bestreut. Zusammengerollt, legt man den Strudel in eine bebutterte Pfanne, bestreicht ihn mit Butter und bäckt ihn bei 180° C im vorgeheizten Rohr ca. 45 Minuten. Nach 20 Minuten Backzeit übergießt man ihn mit der kochenden Milch und bäckt ihn fertig.

Er wird warm, mit Zucker bestreut, mit Vanillemilch, gegessen.

Für die Vanillemilch rührt man über Dampf 1/2 l Milch, 2 Eidotter, 50 g Zucker, 1 Vanillin und 1 TL Maizena schaumig.

# Topfenstrudel

*1/4 l Milch zum Begießen*

– – – – – – –

*30 g Butter zum Bestreichen*

– – – – – – –

*Zucker zum Bestreuen*

Strudelteig: Mengen und Zubereitung in der allgemeinen Anleitung.

Fülle: Mengen und Zubereitung, siehe Füllen, die doppelte Menge.

Der Strudel wird wie der Milchrahmstrudel zubereitet und wie dieser mit Vanillemilch aufgetragen.

Man kann ihn auch wie den Apfelstrudel auf dem Blech trocken, d. h. ohne ihn mit Milch zu begießen, backen.

# Erdäpfelstrudel

*Fülle:*
*100 g Butter*
*100 g Zucker*
*4 Eidotter*
*1/2 Zitrone,*
*Saft und Schale*
*80 g Mandeln,*
*gerieben*
*1 Vanillin*
*400 g Erdäpfel*
*1/4 l saurer Rahm*
*4 Eiklar Schnee*
*1 Prise Salz*
*50 g Rosinen*
– – – – – – –
*1/4 l Milch zum*
*Begießen*
– – – – – – –
*30 g Butter zum*
*Bestreichen*
– – – – – – –
*Zucker zum*
*Bestreuen*

Strudelteig: Mengen und Zubereitung in der allgemeinen Anleitung.

Die Erdäpfel werden gekocht, geschält und heiß passiert.

In den Abtrieb von Butter, Zucker und Dottern rührt man alle anderen Zutaten und zieht zuletzt den steifen Eischnee ein.

Auf den ausgezogenen Strudelteig gestrichen, wird die Fülle mit Rosinen bestreut und der Strudel wie der Milchrahmstrudel fertig zubereitet.

Auch dieser Strudel wird warm mit Vanillemilch gegessen.

# Notizen

# Torten

# Nußtorte

*7 Eidotter*
*160 g Zucker*
*160 g Nüsse, gerieben*
*20 g Mehl*
*7 Eiklar Schnee*
*1 Prise Salz*
– – – – – – –
*4 EL Rum*
– – – – – – –
*100 g Ribiselmarmelade*
– – – – – – –
*3/8 l Schlagobers*
– – – – – – –
*Nußkerne zum Verzieren*
– – – – – – –
*Fett und Mehl für die Form*

Dotter und Zucker rührt man sehr gut schaumig. Nüsse, vermischt mit Mehl, werden abwechselnd mit dem steifen Eischnee in die Schaummasse gerührt. In eine vorgerichtete Tortenform (18 cm) eingefüllt, bäckt man die Masse auf der untersten Schiene bei 150° C ca. 1 Stunde.
Das Backrohr auf 100° C vorheizen.
Ausgekühlt, schneidet man einen ca. 2 cm dicken Deckel ab und höhlt die Torte aus. Das Ausgeköhlte wird grob aufgebröselt, mit Rum und der Hälfte des steifgeschlagenen Obers vermischt, wieder in die Torte gefüllt. Der Deckel wird aufgesetzt, die Torte außen zuerst mit Marmelade, dann mit steifen Obers bestrichen, mit Schlagobers gespritzt und Nußkernen verziert.

# Sachertorte

*140 g Butter*
*160 g Zucker*
*180 g Schokolade*
*8 Eidotter*
*140 g Mehl*
*8 Eiklar Schnee*
– – – – – – –
*50 g Marillen-marmelade*
– – – – – – –
*Schokoladeglasur Nr. 2,*
*siehe Glasuren*
– – – – – – –
*Butter und Mehl für die Form*

Die Schokolade wird im Wasserbad erweicht. Butter und Zucker rührt man gut schaumig, rührt zuerst die Schokolade und die Eidottern einzeln nach und nach dazu.
Zuletzt rührt man Mehl und Eischnee vorsichtig in die Masse. In einer vorgerichteten Tortenform (18 cm) wird die Torte ca. 1 1/2 Stunden bei 150° C auf der untersten Schiene im Rohr gebacken. Leicht überkühlt wird sie auf ein Gitter gestürzt und vollkommen erkaltet, zuerst mit heißer Marmelade bestrichen, dann mit Schokoladeglasur überzogen.

# Mohntorte

*4 Eidotter*
*200 g Zucker*
*140 g Mohn, gerieben*
*70 g Nüsse, gerieben*
*1 TL Zitronenschale*
*200 g Äpfel*
*4 Eiklar Schnee*
*1 Prise Salz*

– – – – – – –

*50 g Ribiselmarmelade*

– – – – – – –

*Zitronenglasur, siehe Glasuren*

– – – – – – –

*Fett und Mehl für die Form*

Die Äpfel werden geschält und feinnudelig aufgeschnitten. Dotter und Zucker werden gut schaumig gerührt. Mohn, Nüsse, Zitronenschale und Äpfel werden vermischt und mit dem steifen Schnee in die Schaummasse gerührt. In der vorgerichteten Tortenform (18 cm) wird die Masse auf der untersten Schiene bei 150° C ca. 1 Stunde ge backen.
Das Backrohr wird auf 50° C vorgeheizt.
Ausgekühlt wird die Torte mit Marmelade bestrichen und mit Zitronenglasur überzogen.

# Weichselorte Kirschen

*140 g Butter*
*140 g Zucker*
*4 Eidotter*
*100 g Schokolade, gerieben*
*140 g Mandeln, gerieben*
*40 g Mehl*
*4 Eiklar Schnee*
*1 Prise Salz*
– – – – – – –
*200 g Weichselmarmelade*
– – – – – – –
*Schokoladeglasur Nr. 1, siehe Glasuren*
– – – – – – –
*Kandierte Kirschen oder Weichseln zum Belegen*
– – – – – – –
*Fett und Mehl für die Form*

Butter und Zucker werden gut schaumig, die Eidotter einzeln nach und nach eingerührt. Schokolade, Mandeln und Mehl werden gut vermischt und mit dem steifen Eischnee vorsichtig in die Schaummasse gerührt. In eine vorgerichtete Tortenform (18 cm) gefüllt, wird die Torte im leicht vorgeheizten Backrohr auf der untersten Schiene bei 150° C ca. 1 Stunde gebacken.
Ausgekühlt, wird sie einmal durchgeschnitten, dick mit Weichselmarmelade gefüllt, mit Schokoladeglasur überzogen und Weichseln verziert.

# Orangentorte

*4 Eidotter*
*100 g Zucker*
*1 Orange, Schale und Saft*
*100 g Mandeln, gerieben*
*20 g Mehl*
*4 Eiklar Schnee*
*1 Prise Salz*

– – – – – – –

*Orangencreme:*
*4 EL Orangensaft*
*1/2 TL Orangenschale*
*1 Eidotter*
*1 TL Maizena*
*1 Vanillin*
*150 g Butter*

– – – – – – –

*Orangenglasur:*
*Menge und Zubereitung wie Zitronenglasur, siehe Glasuren*

– – – – – – –

*Orangenspalten zum Verzieren*

– – – – – – –

*Butter und Mehl für die Form*

Dotter und Zucker werden schaumig gerührt, Orangensaft und Schale gut eingerührt. Mandeln und Mehl werden vermischt und mit dem steifen Eischnee unter die Schaummasse gezogen. In einer vorgerichteten Tortenform (18 cm), auf die unterste Schiene geschoben, wird die Torte bei 180° C im leicht vorgeheizten Rohr ca. 1 Stunde gebacken.

Nach dem Auskühlen wird sie einmal durchgeschnitten, mit Creme gefüllt, mit Orangenglasur überzogen und verziert.

Creme: Orangensaft und -schale, Dotter, Maizena und Zucker werden über Dampf dickschaumig geschlagen. Ausgekühlt wird die Creme in die schaumig gerührte Butter eingerührt.

Wenn man Creme nicht mag, dann kann man die Torte auch mit 100 g Orangenmarmelade füllen.

# Almbuttertorte

*5 Eidotter*
*1 TL Zitronenschale*
*130 g Zucker*
*160 g Mehl*
*5 Eiklar Schnee*
*1 Prise Salz*

– – – – – – –

*Almbuttercreme:*
*1/8 l Kaffeeobers*
*2 Eidotter*
*1 TL Maizena*
*150 g Butter*
*50 g Zucker*
*1 Vanillin*

– – – – – – –

*Kaffeeglasur,*
*siehe Glasuren*

– – – – – – –

*Fett und Mehl*
*für die Form*

Dotter, Zucker und Zitronenschale werden schaumiggerührt, Mehl und der steife Eischnee untergezogen. In einer vorgerichteten Tortenform (18 cm) wird die Masse auf der untersten Schiene bei 180° C gebacken. Das Backrohr wird auf 50° C vorgeheizt.
Nach dem Auskühlen wird die Torte zweimal durchgeschnitten, mit Creme gefüllt und mit Kaffeeglasur überzogen.
Creme: Obers, Dotter und Maizena werden über Dampf dickschaumig geschlagen. Butter, Zucker und Vanillin rührt man flaumig und rührt die erkaltete Creme löffelweise ein.

# Erdbeertorte

*3 Eier*
*90 g Zucker*
*1/2 TL Zitronenschale*
*90 g Mehl*
*1 Msp. Backpulver*
*20 g Butter*
– – – – – –
*Creme:*
*500 g Topfen*
*3 Blatt Gelatine*
*250 g Erdbeeren*
*100 g Zucker*
*1 Vanillin*
*1/4 l Schlagobers*
– – – – – –
*Erdbeeren zum Verzieren*
– – – – – –
*Fett und Mehl für die Form*

Man bereitet einen Biskuitboden wie für den Marillenkuchen. Wenn er kalt ist, gibt man ihn zurück in die Tortenform, streicht die Creme darauf und läßt sie im Kühlschrank stocken. Dann spritzt man mit Schlagobers und verziert mit Erdbeeren.
Creme: Die Gelatine wird in kaltem Wasser eingeweicht, gut ausgedrückt und mit 2 EL Wasser auf der warmen Herdplatte aufgelöst. Der Topfen wird mit dem Zucker und den passierten Erdbeeren gut verrührt, die noch lauwarme Gelatine eingerührt und 3/4 des steifgeschlagenen Obers daruntergezogen.
Das übriggebliebene Schlagobers nimmt man zum Verzieren.

# Topfentorte

*3 Eier*
*90 g Zucker*
*1/2 TL Zitronenschale*
*90 Mehl*
*1 Msp. Backpulver*
*20 g Butter*

– – – – – –

*Creme:*
*500 g Topfen*
*2 Zitronen, Saft*
*1 TL Zitronenschale*
*100 g Zucker*
*1 Vanillin*
*3 Blatt Gelatine*
*1/4 l Schlagobers*

Die Torte wird wie die Erdbeertorte zubereitet.
Creme: Zubereitung wie die Erdbeercreme. Anstelle der Erdbeeren rührt man Zitrone in die Creme und verwendet das ganze Schlagobers.

# Haselnußtorte

Eiklarverwertung

*4 Eiklar*
*200 g Zucker*
*1 Vanillin*
*200 g Haselnüsse, gerieben*

– – – – – – –

*Creme:*
*3/8 l Schlagobers*
*100 g Schokolade*

– – – – – – –

*50 g Haselnüsse*

– – – – – – –

*Fett und Mehl für die Form*

Die Eiklar werden zu einem festen Schnee geschlagen. Dann schlägt man Zucker und Vanillin löffelweise ein. Am Schluß zieht man die Haselnüsse darunter. In einer vorgerichteten Tortenform (18 cm) bäckt man die Masse auf der untersten Schiene bei 180° C ca. 50 Minuten.
Ausgekühlt, wird die Torte einmal durchgeschnitten, mit Creme gefüllt, außen damit bestrichen und mit gerösteten, blättrig geschnittenen Haselnüssen bestreut.
Creme: Die Schokolade erweicht man mit ca. 6 EL flüssigem Obers im warmen Wasserbad und verrührt sie. Ausgekühlt wird sie in das steife Obers eingeschlagen.

# Traunkirchnertorte

Eiklarverwertung

*200 g Butter*
*50 g Zucker*
*1 Vanillin*
*300 g Mehl*

– – – – – – –

*Creme 1:*
*2 Eiklar*
*60 g Zucker*
*60 g Marillen-marmelade*

– – – – – – –

*Creme 2:*
*5 Eiklar*
*250 g Zucker*
*4 EL starker Bohnenkaffee*

Butter, Zucker und Vanillin rührt man schaumig und mengt das Mehl ein.
Auf einem gut gemehlten Brett rollt man den Teig messerrückendick aus und schneidet ihn zu 4 Scheiben in Tortenbodengröße von 18 cm Durchmesser aus. Diese bäckt man auf dem Blech bei 200° C im vorgeheizten Rohr.
Nach dem Erkalten werden je 2 Blätter mit Creme 1 und 2 bestrichen, abwechselnd übereinandergelegt und mit Creme 2 verziert.
Creme 1: Alle Zutaten dickschaumig rühren.
Creme 2: Alle Zutaten über Wasserdampf, aber nicht zu heiß, dickschaumig schlagen.
Die Torte erst am nächsten Tag anschneiden.

# Karottentorte

*5 Eidotter*
*200 g Zucker*
*250 g Karotten, roh, feingerieben*
*1 TL Zitronenschale*
*1 TL Rum*
*250 g Mandeln, gerieben*
*50 g Maizena*
*5 Eiklar Schnee*
*1 Prise Salz*
*50 g Zucker*

– – – – – – –

*Zitronenglasur, siehe Glasuren*

– – – – – – –

*Butter und Mehl für die Form*

Dotter und Zucker rührt man gut schaumig. Nach und nach werden Karotten und Gewürze eingerührt. Die Mandeln vermischt man mit Maizena.

In den steifen Schnee schlägt man den Zucker löffelweise ein.

Dann zieht man die Mandeln und den Eischnee in die Schaummasse.

In der vorgerichteten Tortenform (18 cm) bäckt man die Masse bei 160° C ca. 1 Stunde.

Überkühlt, wird die Torte gestürzt und noch heiß mit Glasur überzogen.

# Notizen

# Weihnachtsbäckereien

# Spritzbäckerei

*150 g Butter*
*50 g Zucker*
*1 Vanillin*
*1 Ei*
*1/2 Zitrone,*
*Saft und Schale*
*200 g Mehl*

– – – – – – –

*Zum Verzieren:*
*Mandeln,*
*geschält, grobgehackt*
*Kirschen, kandiert,*
*kleingeschnitten*
*Schokoladetunk-*
*masse, 1 Becher*

Aus den Zutaten wird ein gerührter Mürbteig hergestellt. Man füllt ihn sofort in einen Spritzsack mit einer großen Sterntülle und spritzt verschiedene Formen, wie Rosetten, Stangerln, Kipferln, Ringerln auf ein leicht befettetes Backblech. Man kann die Bäckerei verschieden verzieren, z. B. Rosetten mit Kirschen, Stangerln mit Mandeln oder die fertig gebackenen Kekse in Tunkmasse tauchen.
Bei 180° C hellbraun backen.

# Schokoladeringerln

*120 g Butter*
*1 Ei*
*1 Vanillin*
*80 g Zucker*
*50 g Haselnüsse,*
*50 g Schokolade,*
*beides gerieben*
*180 g Mehl*
*ca. 4 EL Milch*

Einen gerührten Mürbteig herstellen, in einen Spritzsack mit einer großen Sterntülle füllen und kleine Ringerln auf ein leicht eingefettetes Blech spritzen. Bei 180° C hellbraun backen.

# Vanillekipferln

*200 g Butter*
*250 g Mehl*
*100 g Mandeln,*
*geschält, gerieben*
*1 Vanillin*
*50 g Zucker*
*1 Eidotter*
*– – – – – –*
*100 g Zucker*
*1 Vanillin*

Man stellt einen abgebröselten Mürbteig her, den man nach dem Rasten zu Rollen formt. Davon schneidet man Stücke ab, formt sie zu Kipferln mit stumpfen Enden und bäckt sie bei 180° C gelbbraun.
Nach leichtem Überkühlen auf dem Blech wälzt man sie in vanilliertem Zucker.

# Demelscheiben

*200 g Butter*
*280 g Mehl*
*140 g Zucker*
*180 g Mandeln, gerieben*
*1/2 Zitrone, Saft und Schale*
*2 Eidotter*

– – – – – – –

*150 g Ribiselmarmelade*

– – – – – – –

*Schokoladeglasur Nr. 1, siehe Glasuren*

– – – – – – –

*50 g Pistazien, geschält, gehackt oder*
*100 g Kirschen, kandiert, halbiert zum Belegen*

Aus den ersten Zutaten macht man einen abgebröselten Mürbteig, den man nach dem Rasten 3 mm dick ausrollt, daraus Scheiben von ca. 5 cm Durchmesser aussticht und hellbraun bäckt.

Backtemperatur: 200° C.
Je 2 setzt man mit Marmelade zusammen, überzieht sie mit Glasur, bestreut sie mit Pistazien oder belegt sie mit Kirschen.

# Nußbäckerei

*150 g Butter*
*200 g Mehl*
*150 g Nüsse, gerieben*
*150 g Zucker*
*1/2 TL Zimt*
*1 EL Orangensaft*
*2 Eidotter*
– – – – – – –
*1 Eiklar zum Bestreichen*
– – – – – –
*ca. 100 g Nußkerne, halbiert*
– – – – – – –
*100 g Marmelade*

Der abgebröselte, gerastete Mürbteig wird 3 mm dick ausgerollt und zu Scheibchen von 3 cm Durchmesser ausgestochen.
Die Hälfte der Scheiben wird mit Eiklar bestrichen und halben Nußkernen belegt.
Bei 200° C werden alle hellbraun gebacken.
Ausgekühlt werden die glatten mit den belegten Scheiben mit Marmelade zusammengesetzt.

# Zimtbäckerei

*180 g Butter*
*250 g Mehl*
*100 g Zucker*
*1 TL Zimt*
*1/2 TL Zitronenschale*
*1 Msp. Nelkenpulver*
*2 Eidotter*

— — — — — — —

*1 Eiklar zum Bestreichen*

— — — — — — —

*100 g Mandeln, geschält, halbiert*

Der abgebröselte Mürbteig wird nach dem Rasten messerrückendick ausgerollt, viereckig ausgestochen, mit Eiklar bestrichen, mit Mandeln belegt und hellbraun gebacken.
Backtemperatur: 200° C.

# Ischlerbäckerei

*250 g Butter*
*250 g Mehl*
*120 g Mandeln, geschält, gerieben*
*120 g Zucker*
*1 Msp. Zimt*
*1 EL Zitronensaft*

– – – – – – –

*100 g Marmelade*

– – – – – – –

*Zucker zum Bestreuen*

Der abgebröselte, gerastete Mürbteig wird messerrückendick ausgerollt und zu Scheiben von ca. 5 cm Durchmesser ausgestochen. In die Hälfte der Scheiben sticht man 3 kleine Löcher von 1 cm Durchmesser. Bei 200° C wird alles hellbraun gebacken.
Nach dem Überkühlen bezuckert man die durchlochten Scheiben und setzt sie mit den ganzen mit Marmelade zusammen.
Man kann auch nur ganze Scheiben backen, die man mit Marmelade zusammensetzt und mit Schokoladetunkmasse überzieht.

# Haselnußbäckerei

*80 g Butter*
*150 g Mehl*
*70 g Haselnüsse, gerieben*
*50 g Zucker*
*1 Vanillin*
*1/2 TL Zitronenschale*
*1 Msp. Nelkenpulver*
*1 Msp. Zimt*
*1 Eidotter*

– – – – – –

*Makronenmasse:*
*2 Eiklar Schnee*
*120 Zucker*
*50 g Haselnüsse, geröstet, gerieben*

– – – – – –

*100 g Haselnüsse, ganz, geröstet*

Der abgebröselte, gerastete Mürbteig wird messerrückendick ausgerollt und zu Scheibchen von 2 cm Durchmesser ausgestochen. Auf jede Scheibe spritzt man ungefähr 1 TL Makronenmasse und drückt eine Haselnuß leicht hinein. Bei 180° C hellbraun backen.

Makronenmasse: In den steifen Eischnee schlägt man den Zucker löffelweise ein und zieht die Haselnüsse darunter.

# Schokoladebusserln

*70 g Butter*
*100 g Zucker*
*100 g Schokolade*
*100 g Mandeln, gerieben*
*1 Vanillin*
*20 g Mehl*

In die flaumig gerührte Butter rührt man die erweichte Schokolade und alle anderen Zutaten ein.

Aus der Masse formt man mit der Hand Kugerln (je 1 TL) und bäckt sie bei 100° C im vorgeheizten Rohr ca. 30 Minuten.

Sie sind fertig, wenn sie auf der Unterseite keinen dunklen, weichen Fleck mehr haben.

# Hausfreunde

*3 Eier*
*150 g Zucker*
*150 g Mandeln*
*150 g Rosinen*
*50 g Zitronat*
*100 g Schokolade*
*100 g Mehl*
*– – – – – – –*
*Fett und Mehl*
*für das Blech*

Eier und Zucker werden sehr gut schaumig gerührt. Die Mandeln werden grob gehackt, Zitronat und Schokolade werden in kleine Würfel geschnitten und alles mit den Rosinen und dem Mehl vermischt, in die Schaummasse gerührt. Der Teig wird 1 cm hoch aufs vorgerichtete Blech gestrichen und bei 180° C gebacken. Leicht überkühlt, schneidet man Stangerln (2 x 5 cm) und bäht sie noch ca. 5 Minuten im heißen Rohr.

## Rosinen- oder Anislaibchen

*1 Ei*
*60 g Zucker*
*60 g Mehl*
– – – – – – –
*30 g Rosinen*
*oder 1 TL Anis*
– – – – – – –
*Fett für das Blech*

Ei und Zucker werden dickschaumig gerührt und das Mehl eingemengt.
Auf ein gut befettetes Blech setzt man mit dem Teelöffel kleine Häufchen, bestreut sie mit Rosinen oder Anis und bäckt sie bei 200° C goldbraun.

## Schokoladensterne

*100 g Schokolade*
*100 g Zucker*
*1 1/2 Eiklar*
*1 Msp. Zimt*
– – – – – – –
*Fett und Mehl*
*für das Blech*

In die erweichte Schokolade rührt man Zucker und Eiklar solange ein, bis die Masse glatt ist. Auf einem bezuckerten Brett rollt man sie messerrückendick aus, sticht Sterne aus und bäckt sie auf dem vorgerichteten Blech im vorgeheizten Rohr bei 100° C. Sie sind fertig, wenn sie aufgegangen und hart sind.

# Mandelkipferln

*200 g Mandeln,*
*geschält, gerieben*
*300 g Zucker*
*1 TL Mehl*
*1 Vanillin*
*1 Msp. Zimt*
*1/2 TL Zitronen-*
*schale*
*ca. 2 Eiklar*
– – – – – – –
*100 g Mandeln,*
*geschält, gehobelt*
– – – – – – –
*1 EL Zucker*
*1 TL Wasser*
– – – – – – –
*Fett und Mehl*
*für das Blech*

Aus den ersten Zutaten rührt man in einer Schüssel eine mittelfeste Masse zusammen. Auf ein Brett gibt man die gehobelten Mandeln, legt nußgroße Stückchen von der Masse hinein, rollt Stangerln und formt Kipferln, die man auf ein befettetes, bemehltes Blech legt. Im vorgeheizten Rohr werden sie bei 160° C goldgelb gebacken.
Zucker und Wasser kocht man einmal auf, bestreicht die Kipferln damit und schiebt sie noch ca. 5 Minuten ins heiße Rohr.
Gut verschlossen, trocken aufbewahren.

# Gefüllte Windbusserln

*4 Eiklar*
*280 g Zucker*
– – – – – – –
*50 g Zucker zum Bestreuen*
– – – – – – –
*Schokoladecreme:*
*100 g Schokolade*
*1/8 l Schlagobers*
– – – – – – –
*Schokoladeglasur Nr. 1, siehe Glasuren*

Das Eiklar wird zu einem festen Schnee geschlagen. 2/3 des Zuckers schlägt man löffelweise ein, 1/3 zieht man unter.
Aus einem Spritzsack mit großer, glatter Tülle spritzt man kleine Häufchen auf ein mit einem Butterpapier bedecktes nasses Brett und bestreut sie leicht mit Zucker. Das Backrohr wird auf 75° C vorgeheizt, die Busserln eingeschoben und wenn sie etwas aufgegangen sind, im ausgeschalteten Rohr 1 – 1 1/2 Stunden getrocknet. Dann löst man sie ab und höhlt sie vorsichtig aus. Die Hälfte der Busserln wird mit Glasur überzogen. Dann werden sie mit Creme gefüllt und je ein dunkles mit einem hellen zusammengesetzt.

Creme: Die erweichte Schokolade wird mit 3 EL flüssigem Obers verrührt und erkaltet in das steifgeschlagene Obers eingerührt.

# Schokolademakronen

*3 Eiklar*
*180 g Zucker*
*100 g Schokolade*
*180 g Nüsse, fein aufgehackt*
*– – – – –*
*Fett für das Blech*

Eiklar und Zucker werden über Dampf zu einer dickschaumigen Masse geschlagen. Dann rührt man die erweichte Schokolade und die Nüsse ein. Auf ein gut gefettetes Blech setzt man kleine Häufchen und bäckt sie bei 120° C.

# Kokosbusserln

*2 Eiklar*
*150 g Zucker*
*100 g Cocosette*
*60 g Mehl*
*1 TL Honig*
*1/2 TL Essig*
*– – – – – –*
*Fett und Mehl für das Blech*

Eiklar und Zucker werden über Dampf schaumig geschlagen und kaltgerührt. Die anderen Zutaten werden eingemengt und alles 20 Minuten rasten gelassen.
Auf ein vorgerichtetes Blech setzt man nußgroße Häufchen und bäckt sie bei 180° C hellbraun.

# Gefüllter Lebkuchen

*4 Eier*
*4 EL Honig*
*360 g Zucker*
*1 EL Zimt*
*je 1/2 TL*
*Kardamom*
*Ingwer*
*Nelkenpulver*
*Piment*
*1/4 TL Muskatnuß*
*1 TL Zitronen-schale*
*600 g Roggenmehl*
*2 TL Natron*

– – – – – – –

*Fülle:*
*100 g Marmelade*
*200 g Dörrpflaumen*
*100 g Nüsse*
*100 g Haselnüsse*
*200 g Feigen*
*100 g Arancini*
*50 g Zitronat*
*100 g Rosinen*
*2 EL Rum*

– – – – – – –

*100 g Kristallzucker*
*4 EL Wasser*

– – – – – – –

Eier rührt man mit Honig, Zucker und den Gewürzen gut ab. Dann mengt man Mehl, vermischt mit Natron, darunter und knetet den Teig rasch zusammen. Die Häfte des Teiges wird gut 1/2 cm dick, rechteckig, ausgerollt und auf ein mit Wachs bestrichenes Blech gelegt. Darauf verteilt man die Fülle. Die 2. Hälfte des Teiges wird ausgerollt, darübergelegt und die Ränder gut zugedrückt.
Im vorgeheizten Rohr bäckt man den Kuchen bei 200° C gut mittelbraun.
Zucker und Wasser kocht man bis zum großen Flug und bestreicht damit sofort den noch heißen Lebkuchen. Will man keine Zuckerglasur, dann muß man ihn vor dem Backen mit zerklopftem Ei bestreichen.
Fülle: Die Früchte werden klein aufgeschnitten und mit

*Wachs für das Blech*

Marmelade und Rum gemischt.
Den Lebkuchen bewahrt man in einer Dose auf und schneidet ihn bei Bedarf zu Würfeln.

# Elisenlebkuchen

*3 Eier*
*300 g Zucker*
*1 Msp. Kardamom*
*1 TL Zitronenschale*
*300 g Mandeln, gerieben*
*60 g Arancini, feingehackt*
*– – – – – –*
*Backoblaten*

Eier und Zucker schlägt man sehr gut schaumig und rührt die anderen Zutaten ein. Auf runde Oblaten (5 cm) wird die Masse fingerdick und in der Mitte etwas höher aufgestrichen. 1 cm Rand soll bei den Oblaten frei bleiben. Bei 140° C ca. 20 – 30 Minuten hellgelb backen und die Oblatenränder abbrechen.
Man kann die Lebkuchen auch mit Mandel- und Zitronatstücken belegen.

# Lebkuchen

*100 g Honig*
*4 Eier*
*400 g Zucker*
*Gewürze wie beim gefüllten Lebkuchen*
*1 Zitrone Saft*
*50 g Mandeln, gerieben*
*50 g Arancini, feingehackt*
*600 g Roggenmehl*
*1 1/2 TL Natron*

– – – – – – –

*1 Ei zum Bestreichen*

– – – – – – –

*100 g Mandeln zum Belegen oder beliebige Glasuren*

– – – – – – –

*Wachs für das Blech*

Man macht einen Teig wie für die gefüllten Lebkuchen. Auf einem gut bemehlten Brett rollt man ihn ca. 6 mm dick aus und sticht beliebige Formen aus. Dann wird er mit Ei bestrichen, eventuell mit geschälten, halbierten Mandeln belegt und auf dem bewachsten Blech bei 220° C schön braun gebacken.
Man kann auch die erkalteten Lebkuchen mit gesponnenem Zucker, Zitronen- oder Schokoladeglasur überziehen.

# Früchtebrot

*200 g Feigen*
*200 g Dörrpflaumen*
*100 g Datteln*
*100 g Arancini*
*100 g Zitronat*
*100 g Nüsse*
*100 g Haselnüsse*
*100 g Mandeln*
*100 g Rosinen*
*1/8 l Rum*
*Gewürze wie für den gefüllten Lebkuchen*

– – – – – – –

*150 g Mehl*
*1/8 l Milch*
*1/4 TL Salz*
*1 EL Zitronensaft*
*10 g Germ*

– – – – – – –

*1 Ei zum Bestreichen*

– – – – – – –

*100 g Mandeln zum Belegen*

– – – – – – –

*Fett für das Blech*

Alle Früchte werden klein aufgeschnitten, mit den Gewürzen und dem Rum vermengt und zugedeckt 24 Stunden stehen gelassen. Mehl, Milch, die Gewürze und Germ werden verrührt und an einem warmen Ort aufgehen gelassen.

Diesen Teig verknetet man gut mit den Früchten.

Auf einem bemehlten Brett fromt man Laibchen oder Striezel, bestreicht sie mit zerklopftem Ei, belegt sie mit geschälten Mandeln und bäckt sie auf einem gut befettetem Blech bei 150° C je nach Größe 1 – 2 Stunden. Während des Backens kann man sie öfter mit kochendem Zuckerwasser (2 EL Zucker, 1 EL Wasser) bestreichen. Dadurch bekommen sie einen schönen Glanz.

# Zwetschkenwurst

*140 g Zucker*
*1/8 l Wasser*
*250 g Dörrpflaumen, entkernt gewogen*
*1/2 TL Zitronenschale*
*Zimt,*
*Nelkenpulver,*
*je 1 Messerspitze*
*100 g Mandeln*
*50 g Zitronat*
– – – – – –
*50 g Kristallzucker*

Zucker und Wasser kocht man bis zum Faden. (Ein ausgekühlter Zuckerwassertropfen läßt sich zwischen 2 Fingern zu einem Faden ziehen.) Die Dörrzwetschken werden fein aufgehackt, die geschälten Mandeln dünnblättrig und das Zitronat kleinwürfelig geschnitten. Das Obst und die Gewürze kocht man im Zuckerwasser gut auf und rührt es kalt.
Auf einem bezuckerten Brett formt man aus der Masse eine ca. 4 cm dicke Rolle und läßt sie gut trocknen. Bei Bedarf schneidet man dünne Scheiben ab.

# Füllen für Buchteln, Kolatschen Strudel und Kipferln

*Powidlfülle:*
*250 g Powidl*
*1 EL Rum*
*1/2 TL Zitronenschale*
*1 Msp. Nelkenpulver*

Alle Zutaten werden gut vermischt.

*Topfenfülle:*
*50 g Butter*
*50 g Zucker*
*1 Ei*
*1 Eidotter*
*250 g Topfen, passiert*
*1/2 TL Zitronenschale*
*1 Vanillin*
*1 Prise Salz*
*50 g Rosinen*
*1 TL Maizena*

Butter, Zucker, Ei und Eidotter werden gut flaumig gerührt, Topfen, Gewürze und Maizena daruntergezogen.
Sollte die Fülle sehr weich sein, das manchmal durch zu feuchten Topfen verursacht wird, rührt man 2 – 4 EL Semmelbrösel oder geriebene Mandeln ein.

*Mohnfülle:*
*250 g Mohn, gerieben*
*1/4 l Milch*
*4 EL Honig*
*50 g Butter*
*30 g Rosinen*
*1/2 TL Zitronenschale*
*2 Msp. Zimt*
*ev. 30 g Weizenkeime*

Milch, Butter und Honig läßt man aufkochen, rührt den Mohn ein und verkocht ihn gut. Dann mengt man die anderen Zuraten darunter. Die Fülle schmeckt milder, wenn man Weizenkeime beimengt.

*Nußfülle:*
*250 g Nüsse, gerieben*
*4 EL Honig*
*6 EL Milch oder Kaffeeobers*
*2 Msp. Zimt*
*1 Msp. Nelkenpulver*
*1 EL Rum*

Die Milch macht man heiß und rührt alle anderen Zutaten hinein.

*Mandelfülle:*
*1 Semmel*
*30 g Butter*
*1/8 l Milch*
*100 g Mandeln, gerieben*
*3 Topfen Mandelaroma*
*1 Vanillin*
*4 EL Honig*
*1 TL Zitronenschale*
*1 Eidotter*

Die Semmel wird in dünne Scheiben geschnitten, in Butter gelblich geröstet, mit der Milch gut verkocht und der Schneerute durchgerührt. Dann mengt man die anderen Zutaten, und wenn die Masse ausgekühlt ist, den Eidotter darunter.

*Preiselbeerfülle:*
*250 g Topfen, passiert*
*50 g Zucker*
*1 Eidotter*
*3 EL Preiselbeerkompott*
*1 TL Maizena*

Sämtliche Zutaten werden gut verrührt.

*Apfelfülle:*
*1 kg Äpfel*
*20 g Butter*
*4 EL Weißwein*
*50 g Zucker*
*2 Msp. Zimt*
*1 TL Zitronenschale*
*50 g Rosinen*

Die geschälten, blättrig geschnittenen Äpfel werden mit Butter, Wein und Zucker ganz weich gedünstet. Dann mengt man die Gewürze darunter und läßt die Äpfel auskühlen.

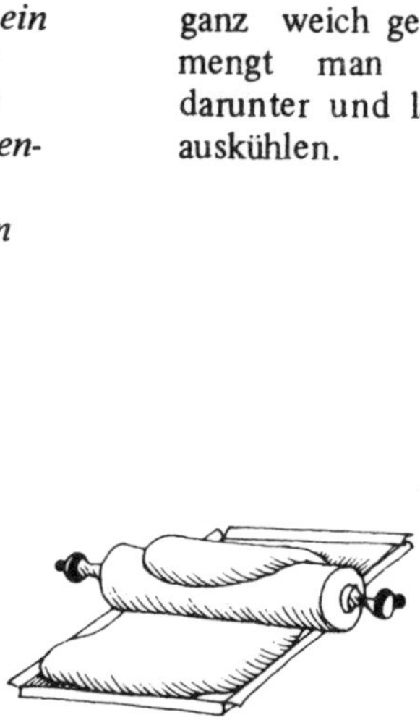

# Glasuren

Alle Glasuren müssen so dick sein, daß sie einen eingetauchten Löffelrücken dünn überziehen.
Machen Sie die Glasur am besten in einer kleinen Porzellanschüssel, sie läßt sich da leichter verrühren.
Zum Glasurrühren immer einen Eßlöffel nehmen und rühren Sie nicht zu heftig mit dem Löffelrücken gegen die Gefäßwand.
Bei großen Kuchen und Torten die ganze Glasur auf einmal darübergießen. Das Backgut so schwenken, daß die Glasur gleichmäßig über den Rand herunterrinnt, sonst vorsichtig mit einem Messer verstreichen.
Kleine Bäckereien gibt man am besten auf eine Gabel, hält sie über das Gefäß und schüttet die Glasur mit dem Löffel darüber.
Glasiertes Backwerk auf ein Gitter (vom Elektroherd) zum Abtropfen und Trocknen legen.
Schokolade in der Schüssel im warmen Wasserbad erweichen, nie zu heiß werden lassen, sonst wird sie brüchig.

*Schokoladeglasur Nr. 1:*
*100 g Schokolade*
*100 g Butter*

In die erweichte Schokolade wird die zerlassene, lauwarme Butter löffelweise eingerührt.
Diese Glasur braucht länger zum Hartwerden, kalt stellen.

*Schokoladeglasur Nr. 2:*
*200 g Kristallzucker*
*1/4 l Wasser*
*150 g Schokolade*
*1 TL Butter*

Die Schokolade mit der Butter erweichen und verrühren.
Zucker und Wasser werden bis zum Faden (siehe Zwetschenwurst) gekocht und löffelweise in die Schokolade angerührt. Sofort heiß glasieren.

*Weiße Zuckerglasur:*
*350 g Zucker*
*4 – 6 EL Wasser, kochend heiß*
*1/2 Eiklar*

In den gesiebten Zucker rührt man löffelweise Wasser und das Eiklar ein. Man muß solange rühren, bis die Glasur ganz glatt ist. Vorsicht bei der Wasserzugabe.

*Zitronenglasur:*
*350 g Zucker*
*2 EL Zitronensaft*
*ca. 4 EL Wasser*
*ev. 1/2 Eiklar*

Zubereitung wie weiße Glasur.

*Kaffee- oder Rumglasur:*
*350 g Zucker*
*2 EL starker Bohnenkaffee oder Rum*
*ca. 4 EL Wasser*

Zubereitung wie weiße Zuckerglasur.

# Inhaltsverzeichnis

# Bisher in dieser Reihe erschienen:

### Kärntner Kasnudeln

1 Topfen Erdapfelfulle

| | |
|---|---|
| *500 g Erdapfel*<br>*500 g Broseltopfen*<br>*1 TL Salz*<br>*50 g Butter*<br>*50 g Zwiebeln*<br>*1 Knoblauchzehe*<br>*je 1/2 TL braune Minze*<br>*Kerbelkraut*<br>*grune Petersilie*<br>*Majoran* | Die Erdapfel werden in der Schale gekocht, heiß geschalt und aufgepreßt. Feingehackte Zwiebeln und Knoblauch werden in Butter goldbraun gerostet. Dann mengt man den Topfen, Salz und die feingehackten Krauter dazu, knetet alles gut durch und formt Kugerln in der gewunschten Große. |

2 Topfen Semmelfulle

| | |
|---|---|
| *2 altbackene Semmeln*<br>*500 g Topfen*<br>*1 Ei*<br>*etwas Milch*<br>*Gewurze wie bei Nr. 1* | Die Semmeln werden kleinwurfelig geschnitten und mit Milch etwas angefeuchtet. Dann gibt man alle ubrigen Zutaten dazu und verfahrt wie bei Nr. 1 |

3. Topfen Breinfulle

| | |
|---|---|
| *200 g Hirse*<br>*3/4 l Wasser*<br>*1 TL Salz*<br>*500 g Topfen*<br>*Gewurze wie bei Nr. 1* | Der Brein wird in Salzwasser kernig weich gekocht, in ein Sieb geschuttet und gut abtropfen gelassen. Die weitere Zubereitung ist wie bei Fulle Nr. 1: |

70

### Mostbraten

| | |
|---|---|
| *750 g Rindsschlegel*<br>*1 TL Salz*<br>*1 TL Basilikum*<br>*100 g Selchspeck*<br>*100 g Zwiebeln*<br>*100 g Karotten*<br>*2 Lorbeerblatter*<br>*5 Pfefferkorner*<br>*50 g Schwarzbrot*<br>*1/2 l Most*<br>*50 g Kren* | Der Speck wird kleinwurfelig geschnitten und in eine Kasserolle gestreut. Das Fleisch wird mit den Gewurzen eingerieben und auf den Speck gelegt. Zwiebelringe und Karottenscheiben streut man uber das Fleisch und brat es auf der Herdplatte rundum an. Dann gibt man Lorbeerblatter, Pfefferkorner und das aufgebröselte Brot dazu und vergießt mit Most.<br>Der Braten wird zugedeckt im Rohr ca. 1 Stunde gedunstet. Eine weitere halbe Stunde laßt man ihn abgedeckt braten, damit er Farbe bekommt. Der Saft wird passiert, mit geriebenem Kren vermischt uber das aufgeschnittene Fleisch gegeben. |

Dazu passen Knodel, Nudeln oder gebratene Erdapfel und Blaukraut oder Salate.

29

112 Seiten, Einband blauweiß geblumt, Pappband

### Schwammerlknödel

4 alte Semmeln
oder
150 g Knodelbrot
40 g Mehl

2 EL Öl
50 g Zwiebeln
je 1 TL grune Petersilie und Selleriegrun, gehackt
200 g beliebige Pilze
1/2 TL Salz
1/2 TL Majoran

gut 1/8 l Milch
2 Eier

Salzwasser

Die wurfelig geschnittenen Semmeln oder das Knodelbrot werden mit dem Mehl gut vermischt.
Feingehackte Zwiebeln rostet man im Öl hellbraun, gibt die Krauter, die gehackten Pilze und das Salz dazu und dunstet alles so lange, bis keine Flussigkeit mehr vorhanden ist.
Ausgekuhlt mischt man sie mit dem Knodelbrot. Milch und Eier werden versprudelt, mit der Knodelmasse gut verruhrt und ca. 1 Stunde ziehen gelassen.
Dann formt man 8 Knodel, legt sie in reichlich kochendes Salzwasser und laßt sie 10 Minuten ziehen.

Dazu passen Salate oder Paradeissoße

81

112 Seiten, Einband grünweiß geblumt, Pappband

### Apfelradeln

600 g große Apfel

Weinbackteig
1/8 l Weißwein
100 g Mehl
2 Prisen Salz
30 g Zucker
1 Eiklar

1/4 l Öl zum Ausbacken

20 g Zucker
1/4 TL Zimt

Von den Äpfeln wird das Kernhaus entfernt. Dann werden sie geschält und in 1 cm dicke Scheiben geschnitten.
Der Wein wird mit Mehl, Salz und Zucker gut verruhrt und der steife Eischnee daruntergezogen.
Die Äpfel taucht man in den Teig und backt sie aus heißem Öl goldbraun heraus.
Abgetropft, bestreut man sie mit Zucker und Zimt und bringt sie sofort zu Tisch.

90

118 Seiten, Einband gelbbraun geblumt, Pappband